VLM PRESS

ISBN-13: 978-1-951159-61-0

Catálogo# VLM1029 Categoria: Investimento, Imigração, Administração de Empresas, Seguros.

Published in the USA by VLM Press LLC, 9940 Robins Nest Rd, Boca Raton, FL 33496 USA.

Para volumes adicionais por gentileza fazer seus pedidos on-line: https://vlmpress.com

Também disponível em eBook.

Um livro com o selo de qualidade da VLM Press

Revisão de Texto:
Christiany Rebelo
Elce Ribeiro

Produção, Design, Capa e Projeto Gráfico:

Edivaldo A Fontes

Diagramação: Edivaldo A Fontes

Images - Capa: Vectors Design ©VLM Press

Publisher e Editor Chefe: Edivaldo A Fontes

Autores:

Albertine, Stephen C, PLLC.
Santana, Lucio
Ribeiro, Wellyngton
Fontes, Edivaldo A

VLM PRESS

Edição e impressão nos Estados Unidos da América do Norte
por VLM Press – VLMPRESS.COM

AMÉRICA

Um Guia Essencial para Empreender & Morar Legalmente nos Estados Unidos

STEPHEN C ALBERTINE, PLLC., LUCIO SANTANA
WELLYNGTON RIBEIRO & EDIVALDO A FONTES

VLM PRESS

SUMÁRIO

Agradecemos à equipe VLM Press pela dedicação e esmero na revisão do texto, composição e na editoração desta obra.

INTRODUÇÃO

O sonho empreendedor dos brasileiros não conhece fronteiras, e um dos países mais cobiçados para internacionalizar uma empresa ou mesmo começar um novo negócio (*startup*) tem sido os Estados Unidos devido aos grandes benefícios que o país oferece para abrir e operar um negócio. Do ponto de vista aduaneiro e tributário é mais fácil vender no mercado americano. Além de possuir um dos maiores e mais integrados mercados do mundo, a nação está estruturada para oferecer grandes vantagens como: rapidez e simplicidade na abertura da uma empresa, acesso aos mercados de capitais, oportunidades para investidores anjo e mercados públicos, aumenta a reputação da empresa por possuir uma filial ou subsidiária no exterior tanto para clientes dos EUA quanto para outros mercados estrangeiros, facilidade em conseguir um visto de trabalho nos EUA, e os benefícios fiscais disponíveis para investidores estrangeiros, ou domésticos.

De acordo com o IRS uma empresa estrangeira com base nos Estados Unidos é tratada como uma empresa doméstica[1], o que reduz consideravelmente a carga tributária. Muitas pessoas se perguntam: um cidadão estrangeiro pode abrir um negócio nos Estados Unidos e que tipo de restrições lhes são impostas?

1. https://www.irs.gov/individuals/international-taxpayers/foreign-persons

O sonho americano de possuir uma empresa nos Estados Unidos não é de exclusividade dos cidadãos americanos, pois nem cidadania ou residência são exigidas para iniciar um negócio no país. Não é novidade que existem regras e processos que os não cidadãos devem seguir para tornarem seu sonho realidade.

Sim, um estrangeiro pode abrir uma empresa nos Estados Unidos e o procedimento para fazer isso é praticamente o mesmo como para qualquer cidadão americano. Você nem mesmo precisa ter um *green card* para iniciar ou comprar um negócio com sede nos Estados Unidos. No entanto, começar um negócio e realmente trabalhar nos Estados Unidos são duas coisas diferentes. Geralmente como cidadão estrangeiro você pode ser listado como executivo corporativo ou diretor de uma empresa, no entanto, isso não o torna elegível para trabalhar ou morar no país.

Porém, alguns brasileiros desejam além de ter uma empresa, residir e trabalhar na América. Para fazer isso você precisaria de uma autorização de trabalho, que consiste em obter um *green card*, o que pode ser viabilizado através dos vistos de trabalho disponibilizados pelo departamento de imigração americano (*U.S. Citizenship and Immigration Services*[2]) para atrair talento e investimento estrangeiro, tanto para quem deseja residência temporária quanto permanente[3].

A decisão de iniciar um negócio nos Estados Unidos não pode ser tomada às pressas ou sem a devida preparação. Mesmo que o processo seja um pouco diferente daquele exigido para cidadãos dos EUA. Este livro foi produzido para fornecer aos interessados as informações essenciais, que começam pela abertura de uma empresa, os diferentes opções de modelos de

2. https://www.uscis.gov/working-in-the-united-states

3. https://www.uscis.gov/working-in-the-united-states/temporary-nonimmigrant-workers

negócios, as vantagens e desvantagens de cada modelo, como administrar seus negócios para o sucesso, os vistos de trabalho mais populares para brasileiros, como se preparar para a compra de uma residência e as vantagens de possuir um imóvel no país, a necessidade de ter um seguro de vida e as diversas opções disponíveis para viver com tranquilidade e prosperar durante sua empreitada na terra do tio Sam (*uncle Sam*).

IMIGRAÇÃO POR INVESTIMENTO 1

O sonho americano de possuir e administrar sua própria empresa nos Estados Unidos não se limita apenas aos cidadãos norte-americanos, pois nem cidadania ou residência são exigidas para iniciar um pequeno negócio nos Estados Unidos, embora existam regras e processos que os não cidadãos precisam seguir para tornar esse sonho realidade. Geralmente, as etapas são semelhantes às que um cidadão americano deve realizar ao iniciar um negócio no país.

De modo geral, os estrangeiros não precisam do *green card* [1]para possuir seu negócio ou ser listado como executivo corporativo ou diretor de uma empresa nos Estados Unidos e usufruir dos lucros do investimento, desde que paguem os impostos devidos. No entanto, para residir e trabalhar em uma empresa na qual investiram, os indivíduos precisam ter a aprovação do governo americano por meio de um Visto de Trabalho L-1, visto de Investidor do Tratado E-2 ou Visto de Investidor EB-5.

Neste capítulo abordaremos os elementos fundamentais para os investidores que desejam residir legalmente através da

---

1. Green card: Cartão de Residente Permanente, Formulário I-551 (anteriormente denominado Alien Registration Card, também conhecido como green card), é um cartão do tamanho de uma carteira que mostra que a pessoa é residente permanente legal (imigrante) nos Estados Unidos. Para obter mais informações, visite o site do USCIS.

abertura de um negócio no país. Apresentaremos uma visão geral dos vistos disponíveis para investidores, empresários e administradores de empresas. Dentre os programas existentes até o momento, o mais procurado é o programa de imigração para investidores EB-5 por suas vantagens para quem deseja fixar residência no país. Para muitos, esse é o padrão dourado das opções de imigração de investidores, pois é o visto que leva à obtenção do tão desejado *green card*.

Embora atraente para alguns investidores por suas vantagens, o EB-5 cujo capital mínimo necessário, atualizado a partir do dia 21 de novembro de 2019, passou de $500.000 para $900.000 pode ser oneroso. A boa notícia é que existem alternativas, como os vistos de trabalho L-1 e E-2, que podem ser usados para novas empresas na América e não requerem tanto investimento quanto o programa EB-5. Na verdade, os investidores podem se qualificar com um investimento mínimo de $100.000 ou menos, dependendo do negócio proposto. Observe, no entanto, que ao contrário do programa EB-5 que leva ao *green card*, os vistos L-1 e E-2 são apenas vistos de trabalho e não resultam em residência permanente. Há algumas diferenças entre esses dois vistos de trabalho, sendo que para brasileiros, o L-1 é na verdade a única opção no momento. Acreditamos que vale a pena conhecer um pouco dos detalhes de cada opção disponível, por esta razão fizemos um breve exame das características distintas dessas opções, embora o foco esteja no visto EB-5 por causa de suas vantagens sobre as outras alternativas.

VISTO DE TRABALHO L-1

Para uma melhor compreensão do que se trata o visto L-1[2], comece com uma analogia simples: Considere que a Chevrolet esteja transferindo um gerente ou executivo do Brasil para os

2. https://www.uscis.gov/working-in-the-united-states/temporary-workers/l-1a-intracompany-transferee-executive-or-manager

Estados Unidos para gerenciar temporariamente uma fábrica local de automóveis. É disso que trata o visto de trabalho L-1 entre empresas clássicas americanas. A exigência é que o gerente ou executivo tenha trabalhado pelo menos um ano nos últimos três anos para uma afiliada no exterior antes de passar a administrar a empresa relacionada nos Estados Unidos. Conforme mencionado, o L-1 também pode ser usado para uma *Startup* americana (abrir uma nova empresa nos EUA).

A coisa mais importante sobre este visto é que candidatos de praticamente qualquer país do mundo podem se qualificar para virem para os EUA, desde que sejam gerentes ou executivos em seus países de origem. Embora não seja absolutamente necessário legalmente falando, para ser bem-sucedido ajuda muito se a entidade estrangeira já existir há vários anos, tem pelo menos cinco funcionários e apresentou vários anos de declarações de impostos e empregos. Ainda que não limitado à existência de tal histórico, isso facilitará o processo de aplicação e de sucesso na obtenção do visto L-1, que tem duração máxima de sete anos para gerentes e executivos.

O processo começa com uma petição protocolada no *U.S. Citizenship and Immigration Services* - USCIS (Serviço de Cidadania e Imigração) nos Estados Unidos. A aprovação do visto envolve uma revisão dos registros corporativos e financeiros tanto da empresa afiliada estrangeira quanto da empresa norte-americana ou, no caso de uma *startup*, do plano de negócios da empresa norte-americana. Embora não seja tecnicamente necessário, será útil se a nova entidade dos EUA tiver estabelecido um escritório onde fará seus negócios.

Assim que a petição for aprovada, o gerente ou executivo estrangeiro deve solicitar o visto em um consulado dos Estados Unidos no exterior antes de tentar entrar no país. Há uma exceção no caso dos canadenses, eles não precisam passar por um consulado, mas podem solicitar o direito de visto no porto de entrada com sua petição L-1 aprovada pelo USCIS. Observe que, após um ano de sucesso é possível que o candidato solicite um *green card*.

VISTO DE INVESTIDOR E-2

O visto de investidor E-2[3] é um dos mais populares entre os investidores estrangeiros para vir aos Estados Unidos. Se for bem-sucedido, na maioria dos casos, o investidor e seus familiares recebem um visto de dois anos que lhes permite dirigir e desenvolver os negócios no qual investiram e morar nos Estados Unidos. O cônjuge do investidor principal pode solicitar um documento de autorização de trabalho que o habilite a trabalhar em qualquer lugar dos Estados Unidos durante o tempo de validade do visto. Seus filhos podem frequentar as escolas e se qualificar para taxas de ensino com desconto em muitas faculdades no país, que normalmente são bem mais altas para estudantes estrangeiros. Ao expirar o prazo de dois anos, os vistos E-2 podem ser renovados por tempo indeterminado em incrementos de dois anos. A única deficiência séria do visto E-2 é que os requerentes não são elegíveis para ajustar seu status para obter *green cards*, ou seja, o status de residente permanente.

Veja alguns dos requisitos mais importantes para se qualificar para a classificação de Investidor do Tratado E-2:

- Ser cidadão de um país com o qual os Estados Unidos mantêm um tratado de comércio e navegação (o Brasil até a data da publicação deste livro não faz parte do tratado).
- Estar ativamente no processo de investir (ou já ter investido) uma quantidade substancial de capital em uma empresa genuína dos ou nos EUA.

3. https://www.uscis.gov/working-in-the-united-states/temporary-workers/e-2-treaty-investors

- Ter como objetivo entrar nos Estados Unidos unicamente para desenvolver e dirigir o empreendimento de investimento, demostrando pelo menos 50% de propriedade da empresa ou posse de controle operacional por meio de uma posição gerencial ou outro dispositivo corporativo.
- Investimento substancial suficiente para garantir o bom funcionamento da empresa. A porcentagem de investimento em uma empresa de baixo custo deve ser maior do que a porcentagem de investimento em uma empresa de alto custo.

A classificação E-2 permite aos investidores não imigrantes uma estadia inicial nos EUA de até dois anos. Estadias prolongadas podem ser concedidas em incrementos de até dois anos. Embora não haja limite para o número de extensões que podem ser solicitadas, os investidores E-2 devem ter a intenção de deixar os Estados Unidos quando o status E-2 expirar (ou for encerrado). Lembre-se de que os investidores do tratado E-2 só podem executar o trabalho para o qual foram aprovados quando o status E-2 for concedido. Portanto, proprietários de empresas não imigrantes e não cidadãos, devem ser cautelosos quanto ao seu envolvimento no negócio. Se deseja conhecer mais sobre o visto de Investidor E-2, você encontrará informações detalhadas no site dos Serviços de Cidadania e Imigração dos EUA (USCIS)[4] sobre o processo e os formulários necessários para a classificação E-2.

PROGRAMAS DE VISTO DE INVESTIDOR COM RESIDÊNCIA PERMANENTE

Os vistos de investidores imigrantes são programas que permitem ao indivíduos obter residência ou cidadania de um país em troca de investimentos qualificados. Em termos gerais,

4. https://www.uscis.gov/working-in-the-united-states/temporary-workers/e-2-treaty-investors

os programas oferecem cidadania por investimento ("passaporte dourado" ou "*cash-passaports*"), residência por investimento ("visto dourado") ou um híbrido com residência imediata seguida de cidadania acelerada.

Os candidatos ao programa geralmente devem cumprir vários critérios de qualificação. O investimento pode assumir uma variedade de formas, incluindo uma contribuição para fundos do governo; compra de bens imóveis qualificados (por exemplo, projetos específicos sancionados pelo governo); investimento em uma empresa qualificada (por exemplo, uma indústria específica); ou a criação de um determinado número de empregos.

INTRODUÇÃO AO VISTO DE INVESTIDOR ESTRANGEIRO EB-5

Para incentivar o investimento estrangeiro em empresas nos Estados Unidos, em 1990 o governo americano criou o visto EB-5 *Immigrant Investor Program* (Programa de Imigrante Investidor). Em troca pelo investimento em um negócio que crie empregos para trabalhadores americanos, estrangeiros e suas famílias podem se tornar residentes permanentes nos Estados Unidos. O nome do programa, "EB-5" vem da categoria de visto para o qual os investidores imigrantes aplicam - a Imigração Baseada em Emprego: Quinta Preferência EB-5. Embora o programa tenha evoluído consideravelmente desde sua criação, existe atualmente apenas duas maneiras de investidores estrangeiros obterem um visto EB-5:

1. Investimento direto em uma empresa comercial nova ou existente que cria empregos.
2. Investir capital por meio de um Centro Regional, uma empresa aprovada pelo governo que gerencia ativamente os fundos dos investidores e o processo de aprovação da imigração.

Investir capital por meio de um Centro Regional oferece vários benefícios importantes para imigrantes que buscam residência nos EUA por meio do programa EB-5. Uma das vantagens mais importantes é a capacidade de contabilizar empregos diretos e indiretos. No Programa de Investimento Direto, apenas os empregos diretos são elegíveis para atender aos critérios de criação de empregos. A criação direta de empregos é o resultado de um investimento que crie e sustente dez novos empregos reais identificáveis por um período de dois anos.

No entanto, no programa do Centro Regional, os investidores podem satisfazer a necessidade de empregos, mostrando também a criação indireta de empregos de fundos comuns de todos os investidores no projeto. Esses empregos podem ser criados colateralmente ou como resultado do capital investido em uma empresa comercial filiada a um Centro Regional, ou seja, o investidor não precisa demonstrar que contratou diretamente algum funcionário e o ônus da comprovação da geração de empregos é repassado ao Centro Regional. Esta opção expirou dia 30 de junho de 2021, e até a data da publicação deste livro não foi revalidada. Veja a notificação publicada no site do USCIS[5].

ALERTA

A autorização estatutária para o Programa de Centro Regional de Investidor Imigrante EB-5 terminou à meia-noite de 30 de junho de 2021. Esta caducidade na autorização não afeta as petições EB-5 apresentadas por investidores que não estão buscando um visto no Programa de Centro Regional

Independentemente da opção escolhida pelo investidor, os valores mínimos de investimento são os mesmos. Cada candidato ao visto EB-5 deve investir um mínimo de $1.800.000 em um empreendimento de criação de empregos. Se a empresa que

5. https://www.uscis.gov/working-in-the-united-states/permanent-workers/employment-based-immigration-fifth-preference-eb-5/about-the-eb-5-visa-classification

recebe o capital estiver localizada em uma Área de Trabalho Alvo (TEA), definida como uma área rural ou uma região com alto desemprego, o valor mínimo de investimento é reduzido para $900.000. Todas as oportunidades de investimento de capital do EB-5 estão localizadas nos TEAs.

Para ler os estatutos oficiais do EB-5 aprovados pelo Congresso, visite os seguintes links:

- *Visão geral do investidor imigrante*[6]
- *Processo de Investidor Imigrante*[7]

O PROGRAMA EB-5

Administrado pelos Serviços de Cidadania e Imigração dos EUA (USCIS), o Programa EB-5, também conhecido como Programa de Investidor Imigrante, permite que investidores estrangeiros qualificados que atendam a requisitos específicos de investimento de capital e criação de empregos obtenham sua residência permanente e se tornem contribuintes para Comunidades dos EUA.

O Congresso criou o Programa EB-5 (o "Programa") em 1990 para beneficiar a economia americana atraindo investidores estrangeiros qualificados. De acordo com o Programa, cada investidor deve demonstrar que pelo menos dez novos empregos de tempo integral foram criados ou salvos como resultado do investimento EB-5, que deve ser de no mínimo $1,8 milhão, ou $900.000 se os fundos forem investidos em áreas de elevado nível de desemprego ou áreas rurais. Em 1992, o Congresso aumentou o impacto econômico do programa EB-5 ao permitir a designação de Centros Regionais para reunir capital EB-5 de vários investidores estrangeiros para investimentos em projetos

6. https://www.uscis.gov/working-in-the-united-states/permanent-workers/eb-5-immigrant-investor-program
7. https://www.uscis.gov/working-in-the-united-states/permanent-workers/employment-based-immigration-fifth-preference-eb-5/eb-5-investors

de desenvolvimento econômico aprovados pelos Serviços de Cidadania e Imigração dos EUA (USCIS) dentro de uma determinada região geográfica. Essa medida foi um tremendo sucesso! Atualmente, 95% de todo o capital EB-5 é levantado e investido por Centros Regionais.

Desde a crise financeira de 2008, o acesso ao capital foi restrito e os orçamentos municipais continuam enfrentando déficits significativos. Em muitas regiões, os investimentos EB-5 preencheram a lacuna de financiamento, fornecendo uma fonte nova e vital de capital para projetos de desenvolvimento econômico local que revitalizam comunidades, criam e apoiam empregos, infraestrutura e serviços. O Programa EB-5 atraiu dezenas de bilhões em investimentos de capital em todo o mundo para apoiar as empresas americanas, criando centenas de milhares de oportunidades de emprego.

Além disso, o *Congressional Budget Office* (CBO) classificou o programa como neutro em termos de receita, com custos administrativos pagos pelas taxas dos candidatos.

Mais de 25 países, incluindo Austrália e Reino Unido, usam programas semelhantes para atrair investimentos estrangeiros. O programa americano é mais rigoroso do que muitos outros, exigindo risco substancial para os investidores em termos de investimento financeiro e status de imigração.

Os investimentos feitos por meio do programa EB-5 dos EUA devem estar "em risco" da mesma forma que os investimentos em ações ou fundos de ações acarretam um risco inerente. Não há garantia de retorno financeiro. Se o candidato ao visto EB-5 for aprovado pelo USCIS, os investidores recebem um visto condicional válido por dois anos. Para receber um visto permanente, esses investidores devem demonstrar que os benefícios econômicos legalmente exigidos decorrentes de seus investimentos foram alcançados. Anualmente, o Programa EB-5 responde por menos de 1% dos vistos emitidos pelos Estados Unidos.

Ao longo do processo, os investidores EB-5 estão sujeitos às mesmas verificações de antecedentes criminais e triagens de segurança nacional que os candidatos em qualquer outra categoria de visto; e sua capacidade de eventualmente solicitar a cidadania, está sujeita aos mesmos critérios que outros portadores de visto. Em todos os casos, os investidores EB-5 devem ser capazes de demonstrar uma origem legal e um caminho para os fundos a serem investidos, adicionando uma camada de segurança que não é exigida por nenhuma outra categoria de solicitantes de visto. Como qualquer outro veículo de investimento, os fundos de investimento EB-5 estão sujeitos aos títulos dos Estados Unidos e a rigorosas leis e regulamentos antifraude.

O PROCESSO DE IMIGRAÇÃO PELO EB-5

Os investidores imigrantes que participam do programa EB-5 seguem um processo de duas etapas estabelecidas pelo governo federal que determina sua elegibilidade para o programa, bem como sua admissibilidade para os Estados Unidos. Esses procedimentos são comuns aos solicitantes de qualquer categoria de visto e incluem inúmeras verificações de antecedentes criminais e exames de segurança nacional.

ETAPA UM - APRESENTAÇÃO DA PETIÇÃO DE ELEGIBILIDADE

Os indivíduos primeiro entram com uma petição no USCIS para determinar sua elegibilidade para participar de uma categoria de visto. Para o EB-5, é a petição (formulário) I-526, *Immigrant Petition by Alien Investor.* A petição I-526 deve incluir informações sobre a fonte legal e o modo como os fundos a serem investidos através do programa[8] serão transferidos,

8. http://www.uscis.gov/working-united-states/permanent-workers/employment-based-immigration-fifth-preference-eb-5/eb-5-immigrant-investor-process

juntamente com outras informações que documentem como serão investidos para criar os empregos exigidos pelo programa. Isto é, as informações são bem mais detalhadas do que as exigidas para peticionários em outras categorias de visto.

- *Assim como para qualquer categoria de visto, para o EB-5, a aprovação de uma petição de elegibilidade não constitui aprovação de um visto ao peticionário.*
- *O USCIS também possui procedimentos e critérios bem estabelecidos para solicitar uma revisão rápida de petições de elegibilidade*[9]*. Revisão acelerada não significa aprovação acelerada, apenas análise acelerada das petições para esta primeira etapa do processo.*

Em maio de 2013, o USCIS abriu um novo escritório do programa EB-5 composto por economistas, especialistas em negócios, especialistas em fraude e segurança nacional do Departamento de Segurança Interna de Detecção de Fraude e Diretoria de Segurança Nacional[10], que coordena com outras agências de aplicação da lei e inteligência, no julgamento de petições EB-5. Como parte da revisão de elegibilidade o USCIS pode emitir um Request for evidence (RFE)[11], pedido de evidência se mais informações forem necessárias para determinar a elegibilidade de um indivíduo para o programa.

ETAPA DOIS - DETERMINAÇÃO DA ADMISSIBILIDADE E CONCESSÃO DE VISTOS

Após uma petição de elegibilidade ter sido aprovada, a próxima etapa no processo é exatamente a mesma para os

9. http://www.uscis.gov/working-united-states/permanent-workers/employment-based-immigration-fifth-preference-eb-5/eb-5-inquiries ; http://www.uscis.gov/forms/expedite-criteria

10. http://www.uscis.gov/about-us/directorates-and-program-offices/fraud-detection-and-national-security/fraud-detecção-and-national-security-directorate

11. Uma RFE é uma carta enviada pelo oficial do USCIS (Imigração dos Estados Unidos) que está analisando seu caso, solicitando outras informações necessárias para dar continuidade à sua petição. Isso ajuda o USCIS a completar documentos, esclarecer ambiguidades e corrigir discrepâncias..

candidatos EB-5 e para os candidatos em qualquer outra categoria de visto.

- Petições aprovadas para imigrantes que residem fora dos Estados Unidos são enviadas pelo USCIS ao *National Visa Center* (NVC), à câmara de compensação do Departamento de Estado para solicitações em todas as categorias de visto.
- O NVC então solicita a documentação de apoio dos requerentes de visto antes de enviar o arquivo preenchido para o local apropriado
- O processamento do visto pode levar meses ou anos enquanto essas investigações são conduzidas.

Após a aprovação do Formulário I-526, as opções são:

- Os imigrantes registram um pedido de visto no Departamento de Estado, se residirem fora dos EUA, dando entrada no Pedido de Visto de Imigrante e Registro de Estrangeiro, com o Departamento de Estado dos EUA para obter um visto EB-5 no exterior para buscar admissão nos Estados Unidos através do Formulário DS-260, *Immigrant Visa and Alien Application* (Pedido de visto de imigrante e estrangeiro).
- Um pedido de ajuste de status no USCIS, se já estiverem nos EUA com outro visto, dando entrada no formulário I-485 (*Application to Register Permanent Residence or Adjust Status*) Requerimento para Registrar Residência Permanente ou Ajuste de Status com o USCIS para ajustar o status para residente permanente condicional dentro dos Estados Unidos.

Uma vez aprovada a aplicação do Formulário I-485 na entrada nos Estados Unidos com um visto de imigrante EB-5, a residência permanente condicional é concedida ao investidor EB-5 e aos membros de sua família por um período de dois anos.

Petições aprovadas para imigrantes que residem fora dos Estados Unidos são enviadas pelo USCIS ao *National Visa Center* (NVC), à câmara de compensação do Departamento de Estado para solicitações em todas as categorias de visto. O NVC então solicita a documentação de apoio dos requerentes de visto antes de enviar o arquivo preenchido para a Embaixada ou Consulado dos Estados Unidos.

Os oficiais de assuntos consulares na embaixada ou consulado apropriado, determinam se o indivíduo é admissível nos Estados Unidos e se um visto será concedido ou não com base em entrevistas pessoais, uma revisão de todo o processo de requerimento e petição, verificações de antecedentes adicionais e triagens de segurança nacional que podem incluir: investigações independentes e/ou no país conduzidas em coordenação com outras agências federais de inteligência e segurança nacional, antes ou depois da entrevista[12].

As solicitações de ajuste de status são enviadas ao USCIS para revisão, o que inclui verificações de antecedentes e também pode incluir uma entrevista. O USCIS pode conduzir sua própria investigação independente por meio de sistemas on-line e outros e pode obter assistência do Departamento de Estado para investigações no país. O processamento do visto pode levar meses ou anos enquanto essas investigações são conduzidas. Se o requerente EB-5 for considerado admissível nos Estados Unidos, um visto condicional é concedido permitindo que o requerente resida nos Estados Unidos por dois anos.

Dentro de noventa dias imediatamente anterior ao vencimento do visto temporário, deve dar entrada no Formulário I-829 (Form I-829, *Petition by Investor to Remove Conditions on Permanent Resident Status*) Petição do Investidor para Remover as Condições do Status de Residente Permanente. A petição

12. http://fas.org/sgp/crs/homesec/R43589.pdf

I-829 deve apresentar documentação comprovando que seu investimento por meio do programa EB-5 criou um mínimo de 10 empregos nos EUA. Se o USCIS confirmar essa criação de emprego, a petição I-829 pode ser aprovada, o status condicional de residente permanente legal do titular do visto EB-5 será removido assim como dos seus dependentes.

No entanto, se ainda nesta fase, o USCIS achar que o requerente seja inadmissível originalmente (ou não foi determinado como sendo deportável) um processo de remoção pode ser iniciado contra o investidor ou membro da família.

IMPORTANTE

Os recipientes do status de residente permanente condicional por meio do investimento em uma nova empresa comercial como um investidor estrangeiro (comumente referido como o programa EB-5), é válido apenas por dois anos e não pode ser renovado. Por essa razão, é importante que solicite a remoção das condições de seu status de residente permanente no período de 90 dias antes do segundo aniversário de obtenção do status de residente permanente condicional (ou ter sido admitido nos Estados Unidos como residente permanente condicional), ou corre o risco de perder seu status legal[1].

1. https://www.uscis.gov/forms/explore-my-options/remove-my-conditional-status-based-on-investment

TRIAGEM DE SEGURANÇA NACIONAL PARA REQUERENTES DE VISTO

Um relatório do *Congressional Research Service*[13] sobre segurança de visto publicado em junho de 2014 detalha as triagens que são conduzidas pelo Bureau de Assuntos Consulares do Departamento de Estado dos EUA para candidatos em qualquer categoria de visto:

Os oficiais consulares usam o *Consular Consolidated Database* (CCD), um banco de dados biométrico e biográfico, para

13. http://fas.org/sgp/crs/homesec/R43589.pdf

examinar todos os requerentes de visto. Mais de 143 milhões de registros de solicitações de visto são agora automatizados no CCD, com alguns registros datando de meados da década de 1990. Desde fevereiro de 2001, o CCD armazena fotografias de todos os solicitantes de visto em formato eletrônico; desde 2007, o CCD começou a armazenar digitalizações de 10 dedos. O número de casos de vistos no CCD ultrapassou 100 milhões em 2009, incluindo 75 milhões de fotografias.

Além de indicar o resultado de qualquer pedido prévio de visto do estrangeiro no CCD e comentários dos funcionários consulares, o sistema se vincula a outras bases de dados para sinalizar problemas que possam ter impacto na emissão do visto. Esses bancos de dados vinculados ao CCD incluem os resultados do Sistema de Identificação Biométrica Automatizada do DHS (IDENT) e o Sistema Integrado de Identificação de Impressões Digitais (IAFIS) do *Federal Bureau of Investigation* (FBI) e documentos de apoio.

Além de realizar verificações biométricas das impressões digitais de todos os solicitantes de visto, o DOS usa a tecnologia de reconhecimento facial para selecionar os solicitantes de visto em uma lista de fotos de terroristas conhecidos e suspeitos obtidas no Centro de Triagem de Terroristas (TSC), bem como em toda a galeria de fotos do solicitante de visto contidas no CCD.

O CCD também está vinculado ao *Traveller Enforcement Compliance System* (TECS) do DHS, um banco de dados substancial de informações de aplicação da lei e inspeção de fronteira que permite que os oficiais do CBP nos portos de entrada tenham acesso ao CCD. Um número limitado de funcionários consulares teve acesso ao Sistema de Informação de Chegada e Partida (ADIS) do DHS. O ADIS rastreia as entradas e saídas de estrangeiros dos Estados Unidos. O DOS credita o acesso ao

ADIS com sua capacidade de identificar casos não detectados anteriormente de estadas ilegais nos Estados Unidos[14].

EB-5: UMA MÁQUINA DE DESENVOLVIMENTO ECONÔMICO

O Programa do Centro Regional EB-5 (o "Programa") é uma ferramenta moderna de desenvolvimento econômico que usa a globalização para resolver a necessidade de financiamento flexível e acessível para projetos de desenvolvimento econômico regional em todo o país. O Programa produziu um aumento dramático no muito necessário investimento estrangeiro direto nos EUA e experimentou um crescimento exponencial desde 2008.

VISTOS DE IMIGRANTE COM BASE EM EMPREGO

A cada ano fiscal (1º de outubro - 30 de setembro), cerca de 140.000 vistos de imigrantes com base no emprego são disponibilizados para candidatos qualificados de acordo com as disposições da lei de imigração dos EUA. Os vistos de imigração baseados em empregos são divididos em cinco categorias de preferência. Certos cônjuges e filhos podem acompanhar ou seguir para imigração conjunta.

PRIMEIROS PASSOS PARA UM VISTO DE IMIGRANTE

CERTIFICAÇÃO DE TRABALHO E APRESENTAÇÃO DA PETIÇÃO

Para ser considerado para um visto de imigrante em algumas das categorias de emprego, o empregador ou agente em potencial do candidato deve primeiro obter uma aprovação de certificação de trabalho do *Department of Labor*[15] (Departamento de Trabalho). Uma vez recebido, se necessário, o empregador então dá entrada em uma Petição de Imigrante para Trabalhador

14. https://iiusa.org/wp-content/uploads/2020/07/Understanding-the-EB-5-Immigration-Process.pdf
15. https://www.dol.gov/agencies/eta/foreign-labor/programs

Estrangeiro, Formulário I-140[16], com os Serviços de Cidadania e Imigração dos EUA (USCIS) para uma categoria de preferência com base em determinada categoria de emprego[17].

CATEGORIAS

EMPREGO DE PRIMEIRA PREFERÊNCIA (E1) - TRABALHADOR PRIORITÁRIO E PESSOAS COM HABILIDADE EXTRAORDINÁRIA

Existem três subgrupos nesta categoria:

1. Pessoas com habilidades extraordinárias nas ciências, artes, educação, negócios ou atletismo. Os candidatos nesta categoria devem ter documentação extensa que comprove aclamação nacional ou internacional e reconhecimento em suas áreas de especialização. Esses candidatos não precisam ter ofertas de emprego específicas, desde que estejam entrando nos EUA para continuarem a trabalhar nas áreas em que têm habilidades extraordinárias. Esses requerentes podem apresentar suas próprias Petições de Imigrante para Trabalhador Estrangeiro, Formulário I-140, com o USCIS.

2. Cientistas e Pesquisadores Extraordinários com pelo menos três anos de experiência em docência ou pesquisa, reconhecidos internacionalmente. Os candidatos nesta categoria devem vir para os Estados Unidos para buscar estabilidade, ensino permanente ou uma posição de pesquisa comparável em uma universidade ou outra instituição de ensino superior. O possível empregador deve fornecer uma oferta de emprego e apresentar uma Petição de Imigrante para Trabalhador Estrangeiro, Formulário I-140, com o USCIS.

3. Gerentes ou Executivos de Multinacionais que foram empregados por pelo menos um dos três anos anteriores, pela afiliada no exterior, controladora, subsidiária ou filial do empregador dos EUA. O emprego do candidato fora dos EUA

16. https://www.uscis.gov/i-140
17. https://www.uscis.gov/working-in-the-united-states/permanent-workers

deve ter sido em uma capacidade gerencial ou executiva; e o candidato deve ir para trabalhar em uma capacidade gerencial ou executiva; e o possível empregador deve fornecer uma oferta de emprego e apresentar uma Petição de Imigrante para Trabalhador Estrangeiro, Formulário I-140, com o USCIS.

EMPREGO DE SEGUNDA PREFERÊNCIA (E2) - PROFISSIONAIS COM GRAUS AVANÇADOS E PESSOAS DE HABILIDADE EXCEPCIONAL

Um candidato à Segunda Preferência geralmente deve ter uma certificação de trabalho aprovada pelo Departamento de Trabalho. É necessária uma oferta de emprego e o empregador dos EUA deve apresentar uma Petição de Imigrante para Trabalhador Estrangeiro, Formulário I-140, em nome do candidato. Os candidatos podem solicitar uma isenção, conhecida como Isenção de Interesse Nacional[18], da oferta de emprego e da certificação de trabalho se a isenção for do interesse nacional.

Nesse caso, o requerente pode autopeticionar, preenchendo a Petição de Imigrante para Trabalhador Estrangeiro, Formulário I-140, juntamente com a evidência do interesse nacional. Profissionais com Graus Avançados e Pessoas com Habilidades Excepcionais recebem 28,6% do limite anual mundial de vistos de imigrante baseados em empregos, mais que quaisquer vistos não utilizados da categoria *Employment First Preference* (Emprego de Primeira Preferência).

IMPORTANTE

Pessoas com habilidades extraordinárias na categoria de preferência *Employment First Preference* - Emprego de Primeira Preferência podem apresentar suas próprias petições. Ao preencher uma *Immigrant Petition for Alien Work* , Form I-140 - (Petição de Imigrante para Trabalhador Estrangeiro, Formulário I-140), consulte as instruções detalhadas do formulário, bem como informações de requisitos mais detalhadas na página da Web dos Trabalhadores Permanentes do USCIS.

18. https://www.uscis.gov/working-in-the-united-states/permanent-workers/employment-based-immigration-second-preference-eb-2

Existem dois subgrupos nesta categoria:

1. Profissionais com grau avançado (acima do grau de bacharelado) ou bacharelado com pelo menos cinco anos de experiência progressiva na profissão.
2. Pessoas com habilidade excepcional nas ciências, artes ou negócios. Habilidade excepcional significa ter um grau de especialização significativamente superior ao normalmente encontrado nas ciências, artes ou negócios.

EMPREGO DE TERCEIRA PREFERÊNCIA (E3) - TRABALHADORES QUALIFICADOS, PROFISSIONAIS E TRABALHADORES NÃO QUALIFICADOS (OUTROS TRABALHADORES)

Um candidato à Terceira Preferência deve ter uma Petição de Imigrante para Trabalhador Estrangeiro aprovada, Formulário I-140, protocolada pelo empregador em potencial. Para todos esses trabalhadores geralmente são exigidos certificação de trabalho aprovada pelo Departamento de Trabalho.

Trabalhadores qualificados, profissionais e trabalhadores não qualificados (outros trabalhadores) recebem 28,6 % do limite mundial anual de vistos de imigrante com base no emprego, além de quaisquer vistos não utilizados das categorias *Employment First Preference* (Emprego de Primeira Preferência) e *Employment Second Preference* (Emprego de Segunda Preferência).

Existem três subgrupos nesta categoria:

1. Trabalhadores qualificados. São pessoas cujos empregos exigem um mínimo de 2 anos de treinamento ou experiência de trabalho que não seja temporária ou sazonal.

2. Profissionais. São membros de profissões cujos empregos exigem pelo menos um diploma de bacharelado de uma universidade ou faculdade dos Estados Unidos ou seu diploma equivalente no exterior.

3. Trabalhadores não qualificados (outros trabalhadores) são pessoas capazes de preencher posições que requerem menos de dois anos de treinamento ou experiência que não seja temporária ou sazonal.

QUARTA PREFERÊNCIA DE EMPREGO (E4) - CERTOS IMIGRANTES ESPECIAIS

Um candidato à Quarta Preferência deve ser o beneficiário de uma Petição aprovada para Amerasian (filhos de militares nascidos na Asia), viúvo ou viúva de cidadãos americanos, ou Imigrante Especial, Formulário I-360[19], com exceção de Certos Funcionários ou Ex-Funcionários do Governo dos Estados Unidos no Exterior.

A certificação de trabalho não é exigida para nenhum dos subgrupos de Certos Imigrantes Especiais. Imigrantes especiais recebem 7,1% do limite mundial anual de vistos de imigrantes baseados em empregos. Consulte um advogado de imigração para detalhes sobre elegibilidade. Entre os subgrupos desta categoria estão: Radio difusores nos EUA empregados pelo *International Broadcasting Bureau* do *Broadcasting Board of Governors* ou um donatário dessa organização e Ministros da religião[20], Certos Trabalhadores Religiosos, entre outras categorias.

QUINTA PREFERÊNCIA DE EMPREGO (E5) - INVESTIDORES IMIGRANTES

As categorias de visto de investidor imigrante são para investimento de capital por investidores estrangeiros em novas empresas comerciais nos Estados Unidos que proporcionam a criação de empregos. Veja detalhes do EB-5[21].

PRÓXIMOS PASSOS - TAXAS E SOLICITAÇÃO DE VISTO

Depois que o USCIS aprova a petição, ela é enviada ao

19. https://www.uscis.gov/i-360

20. A lei de imigração dos EUA fornece duas categorias de vistos de imigrante para trabalhadores religiosos: Ministros da Religião (categoria SD); e Certos Trabalhadores Religiosos (categoria SR). https://travel.state.gov/content/travel/en/us-visas/immigrate/visa-religious-workers.html

21. https://www.uscis.gov/working-in-the-united-states/permanent-workers/eb-5-immigrant-investor-program

National Visa Center (NVC)[22]. Uma vez recebido, o NVC atribuirá um número de caso para a petição. Quando a data de prioridade[23] de um solicitante atende a data de qualificação mais recente, o NVC instruirá o solicitante a preencher o Formulário DS-261, Escolha de Endereço e Agente. O NVC começará a preprocessar o caso do requerente, fornecendo-o instruções para enviar as taxas apropriadas. Depois que essas taxas forem pagas, o NVC solicitará que o requerente apresente os documentos de visto de imigrante necessários, incluindo formulários de inscrição, documentos civis e muito mais. Saiba mais sobre o processamento de casos de visto do *National Visa Center*[24].

IMPORTANTE

Se você já tem um advogado, o NVC não o instruirá a preencher o Formulário DS-261.

QUE MEMBROS DA FAMÍLIA TAMBÉM RECEBEM VISTOS DE IMIGRANTE?

Com base em sua petição aprovada, seu cônjuge e filhos menores solteiros, com menos de 21 anos, podem solicitar vistos de imigrante com você. Como você, eles também devem preencher os formulários de inscrição, obter os documentos civis, pagar as taxas e se submeter a exames médicos requeridos. Cônjuges do mesmo sexo de cidadãos dos EUA e residentes permanentes legais (LPRs), junto com seus filhos menores, agora são elegíveis para os mesmos benefícios de imigração que cônjuges de sexos opostos.

22. https://travel.state.gov/content/travel/en/us-visas/immigrate/national-visa-center.html
23. Data de prioridade: A data de prioridade determina a vez de uma pessoa solicitar um visto de imigrante. Na imigração familiar, a data de prioridade é a data em que a petição foi protocolada em um escritório do DHS ou apresentada a uma Embaixada ou Consulado dos EUA no exterior. Na imigração de emprego, a data de prioridade pode ser a data em que o pedido de certificação de trabalho foi recebido pelo Departamento de Trabalho (DOL).
24. https://travel.state.gov/content/travel/en/News/visas-news/20180621_processing-eb-5-petitions-at-nvc.html

Os oficiais consulares nas embaixadas e consulados dos EUA irão julgar seus pedidos de visto de imigrante mediante o recebimento de uma petição I-130 ou I-140 aprovada do USCIS. Para obter mais informações, consulte as perguntas frequentes do website do USCIS.

LIMITAÇÕES NUMÉRICAS

Todas as categorias de vistos de imigrantes com base em emprego são emitidos na ordem cronológica em que as petições foram apresentadas até que o limite numérico anual para a categoria seja atingido. A data de apresentação de uma petição torna-se a data de prioridade do requerente.

Os vistos de imigrante não podem ser emitidos até que a data de prioridade do solicitante seja atingida. Em certas categorias com excesso de assinaturas, pode haver um período de espera de vários anos antes que uma data de prioridade seja atingida. Verifique o *Visa Bulletin* (Boletim de Vistos) para obter as últimas datas de prioridade.

HONORÁRIOS

As taxas são cobradas pelos seguintes serviços:

- Dar entrada na Petição de Imigrante para Trabalhador Estrangeiro, Formulário I-140, ou Petição para Amerasianos, Viúvo(a) ou Imigrante Especial, Formulário I-360 (esta taxa é cobrada pelo USCIS).
- Processamento de pedido de visto de imigrante, Formulário DS-260.
- Exame médico e vacinas necessárias (os custos variam).
- Outros custos podem incluir: traduções; taxas de fotocópia; taxas para obter os documentos necessários para o pedido de visto de imigrante (passaporte, antecedentes

criminais, certidões de nascimento etc.); e despesas de viagem para a Embaixada ou Consulado dos EUA para a entrevista do visto. Os custos variam de país para país e caso a caso.

Para as taxas atuais de serviços do Departamento de Estado, consulte o site do *US Department of State* (DOS) – *Fees for Visa Services*[25] (Taxas para serviços de visto). Para obter as taxas atuais de serviços do USCIS, consulte Taxas de registro de cheques no site do USCIS.

As taxas não devem ser pagas ao NVC, na Embaixada, ou Consulado dos Estados Unidos onde você tem sua entrevista de visto, a menos que especificamente solicitado. Os candidatos receberão instruções do NVC sobre onde e quando pagar as taxas apropriadas. Não envie pagamentos para o endereço do NVC em Portsmouth, New Hampshire.

IMPORTANTE

As taxas devem ser pagas para cada candidato a imigrante, independentemente da idade, e não são reembolsáveis.

DOCUMENTAÇÃO REQUERIDA

Em geral, os seguintes documentos são necessários:

- ***Passaporte(s) válido(s).*** Com validade de seis meses ou mais além a data pretendida de entrada nos Estados Unidos, a menos que uma validade mais longa seja especificamente solicitada pela Embaixada/Consulado dos EUA em seu país. Reveja as instruções para orientação .
- ***Formulário DS-260***. Solicitação de Visto de Imigrante e Registro de Estrangeiro. Veja uma amostra do DS-260[26].

25. https://travel.state.gov/content/travel/en/us-visas/visa-information-resources/fees/fees-visa-services.html
26. https://travel.state.gov/content/dam/visas/DS-260-Exemplar.pdf

- ***Duas (2) fotografias 2x2.*** Consulte o formato de foto necessário explicado em Requisitos para fotos[27].
- ***Documentos civis para o requerente[28].*** Consulte os documentos que o candidato deve enviar para obter informações mais específicas sobre os requisitos de documentação, incluindo informações sobre quais documentos podem precisar de tradução. O funcionário consular pode pedir mais informações durante a entrevista para o visto. Leve para a entrevista de visto de imigrantes, seus documentos civis originais como: certidões de nascimento, casamento, bem como fotocópias legíveis dos documentos civis originais e todas as traduções necessárias. Os documentos originais e as traduções poderão ser devolvidos a você.
- ***Suporte financeiro.*** Em sua entrevista para visto de imigrante, você deve demonstrar ao funcionário consular que não se tornará um peso financeiro para o governo dos Estados Unidos, definido como *public charge*.
- ***Formulários de exame médico preenchidos.*** Os formulários são fornecidos pelo médico do painel após você ter concluído o exame médico e as vacinas.

IMPORTANTE

Para requerentes em que um parente cidadão americano ou residente permanente legal (LPR) tenha preenchido a petição do Formulário I-140 ou quando tal parente tem uma participação acionária significativa na entidade que entrou com a petição, esse parente deve preencher o Formulário I-864 , Declaração de apoio sob a Seção 213A da Lei, em nome do requerente.

27. https://travel.state.gov/content/travel/en/us-visas/visa-information-resources/photos.html
28. https://travel.state.gov/content/travel/en/us-visas/Visa-Reciprocity-and-Civil-Documents-by-Country/Brazil.html

ENTREVISTA PARA O VISTO

Uma vez que o NVC determina que o processo está completo com todos os documentos exigidos, eles marcam a entrevista do candidato. O NVC então envia o arquivo, contendo a petição do requerente e os documentos listados acima, para a Embaixada ou Consulado dos Estados Unidos onde o requerente será entrevistado para o visto.

O requerente, advogado e agente terceirizado, se aplicável, receberá e-mails de agendamento ou cartas (se nenhum endereço de e-mail estiver disponível), contendo a data e hora da entrevista de visto do requerente, juntamente com instruções, incluindo orientação para fazer o exame médico. Cada solicitante deve levar um passaporte válido para a entrevista, bem como qualquer outra documentação ainda não fornecida ao NVC.

Um funcionário consular entrevistará o requerente, e o funcionário consular determinará se o requerente é elegível para receber um visto de imigrante de acordo com a lei de imigração dos EUA. As digitalizações de impressões digitais sem tinta serão feitas no dia da entrevista. Geralmente, o requerente recebe documentos civis originais e traduções originais no momento da entrevista.

EXAMES MÉDICOS E VACINAÇÕES

IMPORTANTE

Ao se preparar para a entrevista, você precisará agendar e completar o seu exame médico e todas as vacinas exigidas antes da entrevista para o visto. Antes que um visto de imigrante possa ser emitido, todo solicitante, independentemente da idade, deve passar por exames médicos que devem ser realizados por um médico autorizado pela imigração. O NVC fornece aos candidatos instruções sobre os exames médicos e informações sobre os médicos autorizados para realizarem exames para a imigração. Consulte site do DOS para obter mais informações, incluindo uma lista dos médicos autorizados por país e as perguntas mais frequentes.

1. Requisitos de Vacinação. A lei de imigração dos EUA exige que os requerentes de visto de imigrante obtenham certas vacinas antes da emissão do visto de imigrante. Consulte os requisitos de vacinação para candidatos para obter a lista de vacinações necessárias e informações adicionais.

IMPORTANTE

ALERTA: A partir de 1° de outubro de 2021, os solicitantes sujeitos ao exame médico de imigração devem preencher a série de vacinas COVID-19 e fornecer documentação de vacinação ao médico autorizado pessoalmente antes que o mesmo possa concluir um exame médico de imigração e assinar o Formulário I- 693, Laudo de Exame Médico e Caderneta de Vacinação.

2. Quanto Tempo Leva? Os casos de visto de imigrante com base em emprego levam mais tempo porque estão em categorias de visto numericamente limitadas. O período de tempo varia de caso para caso e não pode ser previsto para casos individuais com qualquer precisão. Alguns casos estão atrasados porque os candidatos não seguem as instruções cuidadosamente. Alguns pedidos de visto requerem processamento administrativo adicional, o que leva mais tempo após o funcionário consular entrevistar o solicitante.

3. Inelegibilidade para o Visto. Certas condições e atividades podem tornar o requerente inelegível para um visto. Exemplos dessas inelegibilidades incluem: tráfico de drogas; ultrapassar o prazo de um visto anterior; e envio de documentos fraudulentos. Se você for inelegível para um visto, será informado pelo funcionário consular que há uma renúncia de inelegibilidade disponível para você e qual é o processo de renúncia. Veja a lista de inelegibilidades neste link: https://travel.state.gov/content/travel/en/us-visas/visa-information-resources/waivers.html

4. Deturpação de Fatos Relevantes ou Fraude. Tentar obter um visto por meio da deturpação intencional de um fato relevante ou fraude pode resultar em você se tornar permanentemente inelegível para receber um visto, ou entrar nos Estados Unidos.

5. De Posse do seu visto de imigrante - O que você deve saber? Se você receber um visto de imigrante, o funcionário consular dará a você seu passaporte contendo o visto de imigrante e um pacote lacrado contendo os documentos que você forneceu. É importante que você ***não abra o pacote lacrado***. Apenas o oficial de imigração americana deve abrir este pacote quando você entrar nos Estados Unidos. Sua entrada no país deve ocorrer antes da data de expiração da validade impressa em seu visto. Ao viajar, o requerente primário (ou principal) deve entrar nos Estados Unidos antes ou ao mesmo tempo que os membros da família com visto.

6. Taxa de imigrante USCIS. Você deve pagar a Taxa de imigrante USCIS aos Serviços de Cidadania e Imigração dos EUA (USCIS) depois que receber seu visto de imigrante e antes de viajar para os Estados Unidos. (Portadores de vistos SI-1, SI-2, SI-3, SQ-1, SQ-2 e SQ-3 não pagarão a taxa). Selecione USCIS Immigrant Fee no site USCIS para obter mais informações.

IMPORTANTE

O USCIS não emitirá um cartão de residente permanente (Formulário I-551 ou Green Card) até que você tenha pago a taxa.

ENTRADA NOS ESTADOS UNIDOS: PORT-OF-ENTRY

Um visto permite que um cidadão estrangeiro viaje para o porto de entrada dos EUA e solicite permissão para entrar no país. Os candidatos devem estar cientes de que o visto não garante a entrada no país. Os funcionários do DHS, da Alfândega e Proteção de Fronteiras dos EUA (CBP) têm autoridade para permitir ou negar a admissão nos Estados Unidos. Os viajantes devem revisar informações importantes sobre admissões e requisitos de entrada no site do CBP no link de *Travel*[29]. Depois de pagar a taxa de imigrante USCIS e ser admitido nos EUA como residente permanente, seu Cartão de Residente Permanente, Formulário I-551 (anteriormente denominado Cartão de Registro de Estrangeiro[30], também conhecido como *Green Card)* será enviado a você.

COMO SOLICITAR UM SOCIAL SECURITY CARD?

Se você escolheu, em seu formulário de pedido de visto de imigrante, receber seu *Social Security Card* (Cartão de Número do Seguro Social) ao ser admitido nos Estados Unidos como imigrante, seu cartão será enviado pelo correio para o endereço que você designou em seu formulário de pedido e deve chegar em aproximadamente seis semanas após sua entrada no país. Se você optou por não receber seu *Social Security Card* automaticamente, deverá solicitar a emissão de um cartão após sua chegada aos Estados Unidos. Para saber mais sobre como solicitar um *Social Security Card*, visite o site da *Social Security Administration*[31] (Administração da Previdência Social).

QUANDO VOCÊ É UM RESIDENTE PERMANENTE

Ao mudar para os Estados Unidos para fixar residência permanente, você precisa saber mais sobre sua condição de residente permanente legal. Consulte o guia *Welcome to the United States* (Bem-vindo aos Estados Unidos)[32]: um guia do USCIS para novos imigrantes com importantes informações sobre como morar nos Estados Unidos.

29. https://www.cbp.gov/travel

30. Green card: Cartão de Residente Permanente, Formulário I-551 (anteriormente denominado Alien Registration Card, também conhecido como green card), é um cartão do tamanho de uma carteira que mostra que a pessoa é residente permanente legal (imigrante) nos Estados Unidos. Para obter mais informações, visite o site do USCIS. https://www.uscis.gov/green-card

31. Social Security Administration. https://www.ssa.gov

32. Guia para Novos Imigrantes em Português: https://www.uscis.gov/sites/default/files/document/guides/M-618_p.pdf

INFORMAÇÕES ADICIONAIS

Os solicitantes de visto de imigrante não devem fazer nenhum arranjo final de viagem, dispor de propriedade ou desistir de empregos até que os vistos sejam emitidos. Alguns pedidos de visto requerem processamento administrativo adicional[33], o que leva mais tempo após a entrevista do solicitante do visto. Um visto de imigrante geralmente é válido por seis meses a partir da data de emissão.

DÚVIDAS GERAIS SOBRE VISTOS

- É recomendado que o candidato a um visto de residência permanente nos Estados Unidos consulte seu advogado de imigração e esclareça todas as suas dúvidas sobre o processo e como deve agir. Outra opção é visitar o site do DOS ler todas as informações disponíveis antes mesmo de solicitar alguma informação ao DOS. Devido ao grande volume de consultas, o DOS não promete uma resposta imediata à sua consulta.
- Se sua consulta se refere a um caso de visto em andamento no exterior, você deve primeiro entrar em contato com a Embaixada ou Consulado dos EUA responsável pelo seu caso para obter informações sobre o status. Selecione a Embaixada ou Consulado dos EUA para encontrar informações de contato.
- Você pode encontrar as informações de contato da Divisão de Consultas Públicas no tab Fale Conosco[34].

---

33. https://travel.state.gov/content/travel/en/us-visas/visa-information-resources/administrative-processing-information.html
34. https://travel.state.gov/content/travel/en/contact-us/us-visas.html

COMO ABRIR UMA EMPRESA NA AMÉRICA 2

Começar um negócio nos Estados Unidos como estrangeiro pode parecer um desafio e um longo caminho, mas não é bem assim. A América oferece condições que facilitam o processo de registro e condução de uma empresa. Talvez a maior barreira que você poderá enfrentar seja o idioma, pois o requisito básico é falar inglês, se você planeja fazer negócios com americanos. Embora existam atualmente serviços disponíveis, que são oferecidos por empresas brasileiras idôneas, de boa reputação e com anos de comprovada experiência.

Estabelecer uma empresa nos Estados Unidos é uma boa maneira de expandir seus negócios, e para tal você não precisa ser um cidadão americano ou operar uma empresa estrangeira. No entanto, é importante conhecer as estruturas de negócios disponíveis e em qual dos cenários sua empresa melhor se encaixa, ciente de que essa é uma decisão que precisa ser tomada com a assessoria de um advogado ou contador experiente, de preferência certificado pelo IRS (*Certified Public Accountant – CPA*) que poderá apontar o modelo mais apropriado e vantajoso para sua estrutura de negócios, principalmente no que concerne a tributação entre outros fatores relevantes, como responsabilidade social, seguros, distribuição de lucros etc.

Uma das estruturas de negócios mais comuns na terra do Tio Sam é a *Limited Liability Corporation, LLC* (Corporação de Responsabilidade Limitada). Muitos dos procedimentos e requisitos são semelhantes aos relacionados à formação de empresas no Brasil, exceto que uma empresa dos EUA está sujeita aos requisitos específicos da legislação societária do estado em que for constituída. Assim, por exemplo, uma empresa norte-americana constituída em Nova York pode ter certas restrições impostas pela legislação societária de Nova York, as quais são diferentes de uma empresa na Flórida.

Alguns investidores estrangeiros optam por estabelecer uma *C Corporation* (corporação C) que pode se expandir oferecendo ações ilimitadas e normalmente é mais atraente para investidores externos, embora os lucros sejam tributados duplamente, primeiro a nível corporativo e em seguida, como dividendos distribuídos entre os acionistas. Para acionistas corporativos, as vantagens geralmente são que normalmente se qualificam para uma taxação mais baixa sobre os dividendos; e enquanto a empresa norte-americana não detém principalmente imóveis, a controladora corporativa não pagará ganhos de capital quando vender a afiliada norte-americana. Mesmo os proprietários estrangeiros individuais provavelmente ficarão melhor com uma *corporação C*, uma vez que a estrutura os protegerá do escrutínio direto do IRS. Obviamente, os proprietários dessa estrutura de negócio pagam mais por essa proteção como resultado da forma como são tributadas. Mas, em muitos casos, os planejadores tributários podem usar salários, custos de pensão e outras despesas para reduzir a receita corporativa e eliminar grande parte da dupla tributação.

Por outro lado, geralmente dependendo das particularidades das leis tributárias nativas, uma *Limited Liability Corporation - LLC* pode ser a melhor estrutura de negócios, pois os sócios sem controle administrativo têm responsabilidade limitada e os lucros são repassados aos sócios, que pagam imposto de renda em sua declaração individual.

UMA FILIAL CORPORATIVA ESTRANGEIRA

Uma empresa estrangeira pode estabelecer uma filial nos Estados Unidos para conduzir suas atividades comerciais, apesar da maioria das empresas estrangeiras optarem por formar empresas subsidiárias por motivos fiscais e não fiscais. A maioria dos países tem a capacidade de sujeitar empresas estrangeiras à tributação doméstica se elas formarem uma filial, abrirem um escritório, empregarem funcionários, mantiverem estoque ou ativos fixos; ou de outra forma conduzirem atividades comerciais nos EUA; o que permite que a administração tributária federal e estadual avaliem as corporações estrangeiras como se tivessem um estabelecimento considerado permanente.

O governo americano tanto federal quanto estadual têm o conceito de receita tributável "efetivamente conectada" a uma fonte dos Estados Unidos, e se uma empresa estrangeira tiver receita "efetivamente conectada", a empresa estrangeira estará sujeita ao imposto dos Estados Unidos sobre essa receita, da mesma forma que uma corporação doméstica dos EUA. Além disso, se 25% ou mais da receita bruta de uma empresa estrangeira estiver efetivamente conectada, quaisquer dividendos pagos pela empresa estrangeira a um residente não americano estarão sujeitos ao imposto de renda retido na fonte dos EUA, a menos que um tratado fiscal aplicável estabeleça o contrário.

A lei tributária americana também impõe um imposto de renda de filial de 30%, além de impostos de renda corporativos, sobre os ganhos e lucros da filial dos EUA, de uma empresa estrangeira aferidos anualmente. O imposto sobre os lucros da filial pode ser reduzido ou totalmente eliminado se um tratado assim o permitir.

PARCERIA

Sociedades gerais e limitadas podem ser formadas, normalmente por meio de um contrato de sociedade por escrito, que geralmente é registrado sob a lei estadual. Para efeitos legais, uma parceria é definida como uma associação de duas ou mais pessoas como proprietárias, formada para desenvolver uma empresa com fins lucrativos. Conforme definido para a lei tributária dos EUA, uma parceria inclui um sindicato, consórcio, *joint venture* ou outra organização não incorporada, em que qualquer negócio é conduzido, e que não é, para fins de imposto de renda federal, uma corporação, *trust* ou patrimônio. Cada estado e o distrito de Columbia têm suas próprias leis que regem a formação e operação de parcerias.

As parcerias são tratadas como canais para fins de imposto de renda dos EUA, e cada parceiro reconhece uma parte proporcional da receita, perda e crédito, seja distribuída ou não aos parceiros. As parcerias permitem muita flexibilidade na alocação de lucros e perdas, bem como nas distribuições. Qualquer parceria envolvida em um comércio ou negócio nos Estados Unidos, que tenha parceiros estrangeiros, deve reter impostos dos EUA sobre a parcela distributiva na renda comercial do parceiro estrangeiro.

ESTRUTURAS DE EMPRESAS

Ao iniciar um negócio, você deve decidir que forma de entidade comercial estabelecer. A estrutura de negócios escolhida influencia tudo, desde as operações do dia a dia, impostos e quanto de seus ativos pessoais estão em risco. Você deve escolher o modelo que ofereça o equilíbrio certo entre proteções e benefícios legais. Seu tipo de negócio determina especialmente qual formulário de declaração de imposto de renda deve preencher. As formas mais comuns de negócios são Propriedade Individual, Parceria, Corporação e Corporação S. Uma *Limited*

Liability Company (LLC) é uma estrutura empresarial permitida por estatuto estadual. Considerações jurídicas e tributárias fazem parte da seleção de uma estrutura de negócios.

SOLE PROPRIETORSHIP (EMPRESA INDIVIDUAL)

A empresa individual é a estrutura mais simples e comum escolhida para iniciar um negócio. É uma empresa sem personalidade jurídica de propriedade e administrada por um indivíduo, sem distinção entre a empresa e o proprietário. Como uma empresa individual, o empresário tem direito a todos os lucros e é responsável por todas as dívidas, perdas e responsabilidades da sua empresa.

Um indivíduo é automaticamente considerado uma empresa individual se exercer atividades comerciais, mas não se registrar como qualquer outro tipo de negócio. Empresas individuais não produzem uma entidade comercial separada. Isso significa que os ativos e passivos da empresa não são separados de seus ativos e passivos pessoais. Os proprietários individuais podem obter um nome comercial.

Para empresas ou proprietários de baixo risco, que desejam testar suas ideias de negócios antes mesmo de estabelecerem uma empresa formal, uma empresa individual poderá ser um bom negócio. Um único proprietário é alguém que possui uma empresa não incorporada[1] por conta própria. No entanto, se você for o único membro de uma sociedade limitada nacional (LLC), não será o único proprietário se decidir tratá-la como uma corporação. Mas, como todas as empresas, você precisa

1. Uma organização unincorporated (não incorporada ou sem personalidade jurídica) com dois ou mais membros é geralmente classificada como sociedade para fins tributários federais se seus membros exercerem uma atividade comercial, empresarial, financeira ou de risco e dividirem seus lucros. No entanto, um empreendimento conjunto apenas para repartir despesas não é uma parceria. Por exemplo, copropriedade de propriedade mantida e alugada ou arrendada não é uma parceria, a menos que os coproprietários prestem serviços aos inquilinos. https://www.irs.gov/publications/p541

obter as licenças e autorizações necessárias. Os regulamentos variam de acordo com a indústria, estado e localidade. O *U.S. Small Business Administration*[2] disponibiliza uma ferramenta de Licenciamento e Permissões[3] na qual se encontra uma lista de autorizações, licenças e registros federais, estaduais e locais, necessários para administrar uma empresa.

Se você optar por operar com um nome diferente do seu, provavelmente terá que registrar um nome fictício (nome comercial ou nome de *DBA*, abreviação de "*doing business as*"). Você deve escolher um nome original e que ainda não tenha sido registrado por outra empresa.

Vantagens: Facilidade e baixo custo de formação. O proprietário tem total controle das operações e as vantagens na hora de prestar contas com o IRS, pois a empresa não é tributada separadamente do proprietário e as tarifas são as mais baixas comparadas com as demais estruturas.

Desvantagens: Responsabilidade ilimitada. Por não haver separação entre o proprietário e a empresa, todos os débitos, obrigações e responsabilidades legais são do proprietário. Levantar capital é outra grande desvantagem de uma empresa individual, pois não pode vender as ações da empresa e os bancos ficam resistentes na hora de oferecerem linhas de crédito por causa dos riscos que representam. Outra desvantagem é o peso que uma empresa individual representa para seu proprietário, pois todas as decisões recaem sobre o dono, tanto pelo sucesso quanto pelo fracasso do negócio.

PARTNERSHIPS (PARCERIAS)

Também conhecidas como parcerias gerais, são uma estrutura bem simples para duas ou mais pessoas terem um

2. U.S. Small Business Administration SBA.- https://www.sba.gov
3. https://www.sba.gov/business-guide/launch-your-business/apply-licenses-permits

negócio em conjunto. Cada pessoa contribui com dinheiro, propriedade, trabalho ou habilidade e participa dos lucros e perdas do negócio. Mesmo que não haja um acordo por escrito e os requisitos formais para criar uma parceria; os parceiros devem cumprir os requisitos de registro, documentações e impostos aplicáveis a qualquer empresa. Existem também algumas etapas que toda parceria deve seguir para garantir que sigam práticas comerciais sólidas ao iniciarem um novo empreendimento. Um acordo de parceria por escrito é altamente recomendado antes de começar, onde as bases de operações e relacionamentos devem ser claramente especificadas, como veremos em seguida.

Existem dois tipos comuns de parcerias: *Limited partnerships LP (*Sociedades Limitadas) e *Limited Liability Partnership* LLP (Sociedades de Responsabilidade Limitada). Parcerias limitadas (LPs) e sociedades de responsabilidade limitada (LLPs) ambas são empresas com mais de um proprietário, mas ao contrário das sociedades em geral, as sociedades em comandita[4] e as sociedades de responsabilidade limitada oferecem a alguns de seus proprietários responsabilidade pessoal limitada por dívidas comerciais. As sociedades limitadas têm apenas um sócio geral com responsabilidade ilimitada e todos os outros parceiros têm responsabilidade limitada. Os sócios com responsabilidade limitada também têm controle limitado sobre a empresa, o que é documentado em um contrato de sociedade. Os lucros são repassados para as declarações de impostos pessoais, e o cônjuge (o sócio sem responsabilidade limitada) também deve pagar impostos como trabalhador autônomo.

As sociedades de responsabilidade limitada são semelhantes às sociedades limitadas, mas atribuem responsabilidade limitada a todos os proprietários. Uma LLP protege cada parceiro de

4. A sociedade em comandita é uma sociedade de responsabilidade mista que contém sócios de responsabilidade ilimitada e sócios de responsabilidade limitada que assumem a gestão e a direção da sociedade.

dívidas contra a parceria, eles não serão responsáveis pelas ações dos outros parceiros, o que pode representar uma boa opção para empresas com vários proprietários, grupos profissionais como advogados e grupos que desejam testar suas ideias de negócio antes de decidirem por outra estrutura mais complexa.

As responsabilidades de cada parceiro são as mesmas que uma empresa individual, responsabilidade pessoal ilimitada por tudo o que o negócio faz. Um exemplo prático é que se um dos membros da parceria decidir adquirir um veículo novo e sofisticado financiado em nome da empresa, ambos os parceiros serão responsáveis pelo pagamento, mesmo que um parceiro discorde da necessidade da aquisição e nunca faça uso do veículo. Cada parceiro é pessoalmente 100% responsável pelo pagamento. A base mais importante de uma parceria é a confiança mútua dos parceiros.

Uma parceria geral requer duas pessoas ou mais; e todos os sócios compartilham o controle do negócio. Quanto mais parceiros envolvidos no negócio, mais difícil se torna o processo de tomada de decisão. Um acordo de parceria por escrito é importante para estabelecer limites no exercício de participação de controle entre os sócios.

A capacidade de levantar capital é semelhante à sociedade individual. É limitado ao valor líquido pessoal e ao bom nome de cada parceiro. Para levantar mais capital, precisará adicionar parceiros. A existência de um acordo de parceria por escrito é essencial para detalhar o valor e o tipo de capital que será oferecido à parceria.

Se um parceiro estiver oferecendo ativos, como ferramentas ou equipamentos para a parceria, o acordo pode definir quais são esses ativos e estabelecer um valor para cada um. Da mesma forma, os saques, representam uma redução de capital fornecido pelos sócios individualmente, pois os sócios não recebem salário, portanto, qualquer valor que retirem do negócio em dinheiro ou outros ativos, é um empate ou redução na base de capital. Detalhes de quanto cada parceiro pode tirar do negócio precisa estar incluído no acordo de parceria.

Quanto a tributação, uma sociedade em geral faz sua declaração de imposto de renda informativa; listando as vendas, despesas, receitas ou perdas tributáveis. Em seguida, emite uma declaração K-1 para cada um dos sócios, dividindo o lucro tributável ou as perdas entre eles, de acordo com a proporção de sua participação acionária. Os interesses de propriedade, os lucros e perdas nem sempre têm que ser compartilhados meio a meio o que deve fazer parte de um acordo de parceria por escrito. Os sócios devem incluir essa renda ou perda em sua declaração de imposto de renda pessoal e pagar os impostos devidos ou receber o benefício das perdas contra a renda pessoal. Os formulários podem ser encontrados no site do IRS[5].

A sobrevivência de uma parceria geral deve ser definida no acordo de formação da parceria por escrito, pois a morte de um dos parceiros a dissolve. Embora não signifique que deva ser liquidada, mas legalmente passa a ser tratada como uma sociedade geral diferente. Os interesses do parceiro falecido devem passar para os herdeiros, ou serem distribuídos entre os demais parceiros. Um acordo de parceria bem escrito deve fornecer detalhes sobre como os interesses da parceria são avaliados e oferecer um método, como seguro de vida, para financiar a compra dos interesses da parceria por outros parceiros.

Parceiro Limitado ou Silencioso. Finalmente, existe outro tipo de parceiro conhecido como "parceiro silencioso". Este é um formulário de parceria ligeiramente diferente. A maioria dos fatores descritos acima permanecem os mesmos. A principal diferença é que você deve ter pelo menos um sócio que seja sócio

5. http://www.irs.gov/

geral e 100% responsável pelas operações comerciais; e pelo menos um sócio que seja limitado ou passivo que não tenha responsabilidade. É claro que todo mundo quer ser o sócio comanditário. No entanto, o problema é a parte silenciosa. O sócio comanditário não pode exercer qualquer controle sobre as decisões tomadas na operação do negócio. Se o sócio comanditário participa do controle, também se torna responsável pelas operações comerciais[6].

Vantagens. Uma parceria pode oferecer muitos benefícios para o seu negócio específico.

a. *Combinação de Experiências Profissionais.* Uma parceria é uma oportunidade de adquirir conhecimento e experiência em diferentes partes do seu negócio e as habilidades complementares para ajudá-lo a expandi-lo.

b. *Maior capital de giro.* Um parceiro em potencial representa também uma injeção de dinheiro e mais conexões estratégicas, o que pode ajudar a empresa a atrair investidores em potencial e levantar mais capital para expandir seus negócios.

c. *Economia de custos.* Um parceiro de negócios pode ser um alívio dos custos financeiros, das despesas e capital necessários para administrar um negócio.

d. *Mais oportunidades de negócios.* Uma das vantagens de ter um parceiro de negócios é compartilhar a mão de obra. Ter um parceiro pode torná-lo mais produtivo, e proporcionar-lhe facilidade e a flexibilidade em busca de mais oportunidades de negócios. Dessa forma, os custos de oportunidade, que as vezes tem que abrir mão por limitações, podem ser eliminados com uma boa parceria.

e. *Equilíbrio entre trabalho/vida pessoal.* Ao compartilhar um trabalho, um parceiro também pode aliviar a carga

6. https://www.sba.gov/offices/district/nd/fargo/resources/business-structures-partnerships

excessiva de responsabilidades que limita o seu tempo com a família e lazer. Uma boa parceria pode impactar positivamente sua vida pessoal.

f. *Apoio moral.* Quando nos deparamos com contratempos ou precisamos lidar com o trabalho e as frustrações do dia a dia, uma boa parceria representa o apoio moral necessário. Um parceiro confiável é um valioso companheiro de negócios.

g. *Nova Perspectiva.* Como dirigir um veículo, "há pontos cegos" que volta e meia podem representar grandes frustrações, assim mesmo é um bom parceiro de negócios, que representa "olhos extras" capaz de identificar o que pode simplesmente ter passado despercebido, ajudando a ter uma perspectiva diferente com as atividades da empresa.

h. *Benefícios fiscais.* Uma possível vantagem pode ser um benefício fiscal. Como uma sociedade em geral, de acordo com o IRS não paga imposto de renda, mas "repassa" quaisquer lucros ou perdas para seus parceiros, pode permitir que os parceiros deduzam quaisquer perdas comerciais de sua declaração de imposto de renda individual. É importante consultar um especialista jurídico e tributário para obter orientação profissional nessa área.

Desvantagens. É importante prestar atenção especial a quaisquer possíveis desvantagens. Veja algumas delas:

a. *Responsabilidades.* Além da partilha de lucros e bens, a parceria implica também a partilha dos prejuízos do negócio, bem como as responsabilidades por eventuais dívidas, mesmo que sejam contraídas pelo outro sócio. Você pode ser responsável pelas decisões que seu parceiro tomar em relação aos negócios.

b. *Perda de Autonomia.* Embora ter o controle total de seus negócios seja desejável, em uma parceria você compartilha o controle com um parceiro ou parceiros e as decisões importantes precisam ser tomadas em conjunto. Se você trabalha por conta própria há muito tempo e está acostumado a ser independente, pode achar estressante não poder continuar fazendo as coisas do seu jeito.

c. *Estresse e conflitos de ideias.* Uma série de problemas pode surgir e dificultar o trabalho com um parceiro, bem como conflitos por conta das diferenças de opinião ou de esforços desiguais nos negócios. Em uma parceria os relacionamentos podem "azedar" e isso pode "pesar" na balança na hora de decidir por uma parceria. Uma solução é ponderar sobre que parceiros escolher, procurando alguém que compartilhe de sua visão, seus valores e ética profissional; isso irá ajudá-lo muito na prevenção de problemas inesperados.

d. *Complicações de vendas futuras.* Conforme mudanças das circunstâncias no futuro, você ou seu parceiro poderão desejar vender o negócio. Isso poderá gerar dificuldades se um dos parceiros não se interessar em vender. Para evitar esse tipo de questões, é recomendável que uma estratégia de saída conste no contrato de parceria, incluindo "o direito de preferência" caso um dos sócios decida vender sua participação no negócio a terceiros. Isso garante que você retenha o direito de aceitar a oferta, evitando assim que um estranho entre na empresa. Uma estratégia de saída pode abordar outras questões, como a falência de um parceiro, deficiência ou desejo de mudar-se do país.

e. *Instabilidade.* Ao ponderar as vantagens e desvantagens de uma parceria, você também precisa considerar se é capaz de lidar com as imprevisibilidades. Mesmo que você tenha uma estratégia de saída sólida em seu contrato de parceria, a mudança desencadeada por uma situação de um parceiro pode causar instabilidade nos negócios.

Ao analisar algumas das vantagens e desvantagens de uma parceria, você pode concluir que as vantagens superam as desvantagens. Além do mais, algumas das desvantagens de uma parceria podem ser superadas com a devida diligência, investigação adequada e um acordo detalhado e por escrito. Portanto, procure certificar-se de que uma parceria seja uma boa opção para você; questione suas metas de crescimento, como uma parceria poderá ajudá-lo e o que você não conseguiria fazer sozinho. Que tipos de experiências você pode atrair para seu negócio; e os benefícios que um bom parceiro poderá proporcionar para sua empresa tornando-a melhor e mais competitiva.

Acima de tudo, reserve um tempo para avaliar parceiros em potencial, para garantir que seja uma boa combinação e que traga vantagens tanto profissionais quanto psicológicas. Uma parceria de negócios é um casamento, e como tal, para ser duradouro, está limitada à pessoa certa, alguém em quem possa confiar, e nos frutos de uma jornada lado a lado.

C CORPORATION (CORPORAÇÃO C)

Uma corporação C é uma empresa reconhecida pelo estado como uma entidade legal, separada de seus proprietários (também conhecidos como acionistas). Uma corporação C é distinta de uma corporação S, que geralmente não é tributada separadamente. Muitas empresas, incluindo a maioria das grandes corporações, são tratadas como corporações C para fins de imposto de renda federal dos EUA. Uma empresa pode ser propriedade de indivíduos e/ou outras entidades; e a propriedade é facilmente transferível por meio da compra e venda de ações. Uma corporação C é sua própria pessoa jurídica, pode ter seus próprios ativos, responsabilidades e direitos legais, o que protege seus acionistas da responsabilidade pessoal. Pode processar, ser processada, possuir e vender propriedades e direitos de propriedade por meio de ações. Além da proteção de responsabilidade, é mais fácil transferir a propriedade e aumentar o capital como uma empresa, porque o capital e a propriedade são levantados e administrados por meio de ações. Esse tipo de entidade é a opção preferida dos empresários, que desejam ter uma estrutura de negócios mais formal do que a de uma entidade como uma sociedade de responsabilidade limitada (LLC) porque podem, eventualmente, globalizar os negócios ou estabelecer um IPO[7].

Para muitas empresas, esses requisitos incluem a criação de estatutos corporativos e o preenchimento do contrato social com o secretaria de estado. Preparar todas as informações para dar entrada no contrato social poderá levar semanas ou até meses, mas assim que estiver pronto e devidamente protocolado junto à secretaria de estado de domicílio da empresa, esta será oficialmente reconhecida como uma corporação. É aconselhável buscar a orientação de um advogado ou de um consultor tributário experiente, antes de decidir tornar-se uma corporação. Esses especialistas poderão ajudá-lo a escolher a melhor estrutura jurídica para você, e ajudá-lo a formalizá-la, se for o caso.

Ao formar uma empresa, os acionistas trocam dinheiro, propriedade ou ambos pelo capital social da empresa. Uma corporação C geralmente faz as mesmas deduções que uma sociedade individual, para calcular sua receita tributável. Também pode fazer deduções especiais e, para fins de imposto de renda federal, é reconhecida como uma entidade contribuinte separada. Esse tipo de corporação conduz negócios, realiza lucro ou prejuízo líquido, paga impostos e distribui lucros aos acionistas.

7. Uma oferta pública inicial (Initial Public Offering IPO) refere-se ao processo de oferta de ações de uma empresa privada ao público em uma nova emissão de ações. Um IPO permite que uma empresa levante capital de investidores públicos.

Possui uma vida completamente independente, separada de seus acionistas. Se um acionista deixar a empresa ou vender suas ações, a corporação pode continuar a fazer negócios relativamente sem complicações. Os lucros são tributados primeiro como empresa, em seguida aos acionistas quando distribuídos como dividendos, o que cria uma dupla tributação. Uma corporação C não obtém uma dedução fiscal quando distribui dividendos aos acionistas; e os mesmos não podem deduzir qualquer perda da empresa.

Corporações C que têm ativos de $10 milhões ou mais e apresentam pelo menos 250 declarações anuais são obrigadas a manter um arquivo eletrônico dos seus Formulários 1120 e 1120S para os exercícios fiscais encerrados em ou após o dia 31 de dezembro. Para obter mais informações sobre o arquivo eletrônico, consulte o arquivo eletrônico para Contribuintes empresariais e autônomos[8]. É mais vantajoso para a corporação C levantar capital, porque pode fazê-lo através da venda de ações. Pode ser uma boa escolha para empresas de médio ou alto risco, que precisem levantar capital e que planejem "abrir o capital" ou eventualmente serem vendidas.

COMO UMA CORPORAÇÃO C É ESTRUTURADA

Nos Estados Unidos cada estado possui suas próprias diretrizes para a formação de uma corporação, portanto, o processo de estruturação de uma corporação pode ser ligeiramente diferente de um estado para outro. Verifique os requisitos específicos para o estado em que sua empresa irá operar, os quais estão disponíveis nos sites das divisões de corporações, mas, geralmente, essas são as etapas básicas que a maioria das empresas precisa seguir.

1. ***Contrate um profissional qualificado.*** Um advogado ou um CPA pode orientá-lo no processo de formação de uma corporação. As leis de constituição e governança

8. https://www.irs.gov/businesses/small-businesses-self-employed/forming-a-corporation

corporativa variam em cada estado e estão em constante mudança, portanto, um advogado experiente será inestimável no gerenciamento do processo de formação da sua empresa evitando quaisquer problemas.

2. ***Faça uma reunião organizacional.*** Os proprietários/incorporadores, ou os diretores iniciais, se nomeados nos estatutos, devem realizar uma reunião organizacional inicial para:

   a. *Nomear diretores (se não mencionados nos estatutos).*

   b. *Nomear diretores corporativos.*

   c. *Adotar o estatuto.*

   d. *Autorizar a emissão de ações.*

   e. *Definir o ano contábil da corporação (ano fiscal).*

   f. *Adotar um formulário de certificado de ações.*

   g. *Designar um banco.*

   h. *Selecionar um selo corporativo.*

Alguém presente na reunião deve registrar as atas da reunião (*minutes of the meeting*), e as atas devem ser arquivadas no local principal de negócios da corporação.

3. ***Escolha o nome de sua corporação.*** No estado da Flórida, o nome de uma corporação deve incluir a palavra "coporation", "company" ou "incorporated" ou a abreviatura "Corp.," "Inc.," ou "Co.," ou a designação "Corp," "Inc," ou "Co,". Além disso, o nome de sua empresa deve ser diferente de outros nomes registrados no estado e não pode conter linguagem que afirme ou indique que a empresa está conectada a uma agência governamental estadual ou federal ou a uma empresa licenciada de acordo com as leis dos Estados Unidos. Embora você não seja obrigado a fazer isso, considere

registrar o nome da sua empresa como uma *Trademak* (marca comercial) federal e/ou estadual.

4. ***Nomeie um agente registrado e protocole o contrato social.*** Toda empresa deve ter um agente registrado no estado em que formaliza o contrato social. É a pessoa física ou jurídica (ou seja, agente corporativo registrado) que aceitará a notificação exigida, também conhecida como *citation*, caso sua empresa se torne parte em uma ação judicial. Este agente deve ser residente no estado de formação da empresa. Visite o site do DOS[9] para taxa de registro e instruções.

5. ***Elabore o estatuto social (bylaws)[10] e nomeie diretores.*** Estatutos são as regras e regulamentos internos sob os quais a corporação irá operar, (semelhante a um acordo operacional para uma LLC). Alguns estados não exigem que as empresas tenham estatutos, no entanto, é prudente adotar estatutos corporativos, uma vez que delineiam os direitos e responsabilidades dos acionistas, conselheiros e diretores de sua empresa, eliminando confusão e mantendo as formalidades corporativas intactas. Além disso, os bancos e credores podem pedir para verificar o seu estatuto corporativo, para estabelecer a legitimidade da empresa antes de conceder empréstimos ou permitir que sua empresa abra contas. Na Flórida não é necessário que um diretor seja nem acionista ou resida no estado, exceto se for uma exigência incluída no artigo de incorporação.

9. https://dos.myflorida.com/sunbiz/

10. Bylaws ou Estatutos são as regras e procedimentos de como uma empresa irá operar e ser governada. Embora não haja critérios definidos para o conteúdo do estatuto, eles normalmente estabelecem regras e procedimentos internos para a corporação, abordando questões como a existência e responsabilidades dos escritórios corporativos, o tamanho do conselho de administração e a forma e prazo de sua eleição, como e quando as reuniões do conselho e de acionistas serão realizadas, quem pode convocar as reuniões, como o conselho de administração funcionará e em que medida os conselheiros e diretores serão indenizados por responsabilidades decorrentes do desempenho de suas funções.

6. ***Emitir ações.*** Os acionistas que contribuíram com dinheiro, serviços ou outra propriedade para o negócio têm direito a ações na corporação, de acordo com a proporção de sua contribuição. Uma ação é classificada como um título e geralmente se enquadra nos requisitos das leis de títulos estaduais e federais.

7. ***Dê entrada nos outros documentos necessários junto à secretaria de estado local.*** Toda empresa deve apresentar uma declaração de informações de sua constituição dentro de um determinado prazo, e todos os anos durante o período de apresentação da empresa, conhecidos como "relatório anual". Os requisitos de protocolo variam de acordo com o estado, com alguns estados não exigindo que uma declaração ou relatório sejam apresentados até o ano civil seguinte. Todas as empresas autorizadas a fazer negócios (formadas ou qualificadas) na Flórida devem apresentar um relatório anual a cada ano antes ou até o dia 1º de maio. O estado permite a apresentação de um relatório anual entre 1º de janeiro e 1º de maio de cada ano. Ao contrário da maioria dos estados, a data de vencimento é a mesma para todas as empresas, independente do tipo de entidade comercial ou estado de domicílio. A taxa para corporações é de $150.00, antes que uma taxa de $400 por atraso, seja imposta[11].

8. ***Protocole todos os formulários do IRS necessários.*** Cada empresa deve solicitar junto ao IRS um número de identificação do empregador (*Employer ID Number - EIN*). É como o número do Seguro Social da empresa, portanto, você o usará quando sua empresa solicitar contas bancárias e quando você declarar impostos corporativos. Não há taxa de registro.

11. https://dos.myflorida.com/sunbiz/manage-business/efile/annual-report/

Você pode se inscrever para um EIN[12]:

- *Enviando as informações exigidas* on-line *no site do IRS. O EIN é emitido imediatamente após a validação das informações do formulário.*
- *Por telefone através do número 1-800-829-4933 das 7h00 às 22h00 em seu fuso horário local.*
- *Enviando por correio ou fax o Formulário SS-4, Application for Employer Identification Number. As instruções para o Formulário SS-4 estão disponíveis no site do IRS.*

9. ***Registre-se on-line para os impostos comerciais.*** Sua corporação certamente precisará obter um número de identificação de empregador ou uma conta estadual para fins fiscais. Também terá que relatar quaisquer novas contratações assim que as fizer. Você deve estar ciente de que, como proprietário de uma pequena empresa, pode estar sujeito a impostos federais, estaduais e locais adicionais e a requisitos de preenchimento de informações, como impostos sobre trabalho autônomo e retenções e declarações de impostos sobre empregos. As corporações pagam imposto de renda sobre os lucros das empresas, e uma declaração de imposto separada no Formulário 1120 deve ser apresentada para a empresa. Consulte a página Corporações no site do IRS para obter detalhes. Na Flórida use o serviço de registro on-line do *Florida Department of Revenue* (Departamento de Receita

12. Um número de identificação do empregador (Employer Identification Number - EIN) também é conhecido como um número de identificação de imposto federal e é usado para identificar uma entidade comercial. Geralmente, as empresas precisam de um EIN. Você pode se inscrever para um EIN de várias maneiras, e agora você pode se inscrever on-line. Este é um serviço gratuito oferecido pela Receita Federal e você pode obter seu EIN imediatamente. Você deve verificar com seu estado para ter certeza de que precisa de um número de estado ou carta patente. https://www.irs.gov/businesses/small-businesses-self-employed/employer-id-numbers

da Flórida)[13]. O estado compilou um Kit Inicial para Novos Proprietários de Negócios que inclui formulários fiscais e brochuras para cada tipo de imposto pelo qual você será responsável.

10. ***Tire todas as licenças locais necessárias.*** A maioria dos governos locais ou municipais, exige que todas as empresas obtenham uma licença comercial básica, às vezes chamada de certificado de registro fiscal (*tax registration certificate*). Você obtém esta licença de sua cidade ou condado. A melhor maneira de conseguir informações sobre taxas e procedimentos é entrar em contato com o cartório do município ou da cidade ou outra autoridade do governo local. A câmara de comércio local e outros proprietários de pequenas empresas também podem ser um bom recurso para obter informações sobre licenças e/ou autorizações locais.

VANTAGENS DE UMA CORPORAÇÃO C

a. ***Identidade legal separada.*** Uma vez formada, uma corporação tem vida própria, com seus próprios direitos, capacidades, responsabilidades e obrigações.

b. ***Responsabilidade limitada para os proprietários.*** Como uma empresa é uma entidade separada, suas dívidas, obrigações e passivos são seus. Aqueles que fazem negócios com uma empresa devem exigir da mesma o cumprimento de quaisquer obrigações devidas a eles, e não aos acionistas. A exposição dos acionistas a perdas é limitada ao valor investido na corporação.

c. ***Existência Perpétua.*** Uma empresa existe separadamente de seus acionistas e por isso tem o que é chamado de existência perpétua. Por exemplo, se o proprietário de uma

13. http://dor.myflorida.com/dor/eservices/apps/register/

empresa individual morre, o negócio deixa de existir. Este não é o caso de uma corporação, uma vez que uma empresa é formada, ela continua a existir até que seja dissolvida, e liquidada, a menos que seu contrato social estabeleça o contrário. Além disso, a transferência de ações não tem impacto sobre a existência da corporação.

d. ***Ações facilmente transferíveis.*** Uma ação corporativa fornece direitos econômicos e de gestão. Um acionista pode vender livremente essas ações e o comprador se tornará o acionista com todos esses direitos. Um membro de uma LLC pode vender seus direitos econômicos, mas não os direitos de gestão. A menos que o acordo operacional estabeleça o contrário, o membro da LLC deve obter o consentimento de outros membros para vender a totalidade da participação e fazer com que o comprador se torne membro.

e. ***Corporações C são mais atraentes para os investidores.*** Uma vantagem de uma corporação C sobre uma corporação S ou LLC é que ela tem mais facilidade para atrair investidores, incluindo a obtenção de capital por meio de financiamento. A propriedade de ações é geralmente considerada preferível a possuir participações de membros da LLC. Além disso, os capitalistas de risco preferem investir em corporações C. E de fato, muitos capitalistas de risco não podem investir em corporações S ou LLCs devido às restrições em seus próprios documentos regulamentares e nas leis tributárias. Além disso, as empresas que planejam um IPO geralmente preferem corporações a LLCs e não podem escolher o status fiscal de corporação S devido ao limite de 100 acionistas. Também pode ser mais fácil para uma empresa obter financiamento bancário. Esse fator pode ser especialmente importante para negócios intensivos em capital.

f. ***Nenhuma restrição é colocada sobre os acionistas.*** A menos que os documentos que regem a corporação estabeleçam o contrário, não há restrições sobre quem pode possuir ações de uma corporação C. Por outro lado, leis fiscais restringem quem pode possuir ações em uma empresa S. Por exemplo, indivíduos que não são cidadãos dos EUA ou residentes estrangeiros não podem possuí-las. Corporações C e LLCs também não podem ser acionistas da Corporação S.

g. ***Os acionistas não gerenciam diretamente a empresa.*** As empresas são administradas por um conselho de administração que nomeia os diretores que executam as operações do dia a dia. Isso está previsto em todas as leis societárias estaduais. Um acionista tem direito a benefícios econômicos com base no número e tipos de ações possuídas, mas o acionista não tem o direito de administrar os negócios diários da empresa. Os direitos de gestão dos acionistas são limitados a eleger diretores, destituir diretores sob certas circunstâncias, votar em certas mudanças importantes na estrutura, como fusões ou dissoluções, e inspecionar certos livros e registros. Alguns estados têm uma lei societária estatutária que permite aos acionistas administrar sem um conselho de administração, mas esta é uma exceção limitada.

h. ***A legislação societária está bem estabelecida.*** Operar como o tipo mais antigo de entidade formal pode ser uma vantagem, pois restam poucas surpresas no direito societário. Enquanto os estados lutam para estabelecer quais precedentes corporativos são transferidos para a LLC, a maioria dos fundamentos que se aplicam às corporações estão bem estabelecidos. Isso permite que a administração preveja melhor as consequências jurídicas de suas decisões e que os investidores conheçam o impacto das mudanças na estrutura societária, o que lhes permite elaborar contratos para sua própria proteção.

i. ***As empresas oferecem várias oportunidades de planejamento tributário.*** Operar como uma corporação pode envolver complexidade adicional, mas também fornece uma ampla gama de oportunidades de planejamento tributário em todo o ciclo de vida dos negócios. As implicações fiscais de ser uma empresa C versus uma empresa S ou LLC devem ser discutidas com um consultor tributário de confiança.

DESVANTAGENS DE UMA CORPORAÇÃO C

Embora existam benefícios obtidos com o status de corporação C, também existem algumas desvantagens.

a. ***Complexidade.*** Uma corporação é mais complexa de operar do que uma LLC. As leis corporativas exigem mais formalidades na forma como uma corporação é administrada. Por exemplo, reuniões de acionistas e diretores são necessárias. Aviso apropriado deve ser dado e atas de reunião mantidas. Em contraste, as LLCs podem ser gerenciadas de maneira mais informal. As leis corporativas também tendem a ter requisitos mais rígidos de manutenção de registros.

b. ***Dupla tributação.*** Uma empresa é uma entidade separada que paga impostos, a menos que opte por ser tributada como uma empresa S. Isso significa que uma corporação C paga imposto de renda corporativo sobre sua receita, após compensar a receita com perdas, deduções e créditos. Uma empresa paga aos seus acionistas dividendos de sua receita após os impostos. Os acionistas então pagam imposto de renda pessoal sobre os dividendos. Esta é a frequentemente mencionada "dupla tributação". Todavia, existem maneiras de reduzir ou eliminar a dupla tributação que um consultor tributário pode recomendar.

S CORPORATION (CORPORAÇÃO S)

São corporações que optam por repassar a receita, perdas, deduções e créditos corporativos aos seus acionistas para fins de impostos federais. Os acionistas da Corporação S relatam o fluxo de receitas e perdas em suas declarações de impostos pessoais e são tributados de acordo com suas taxas de imposto de renda individual; o que permite que essa estrutura empresarial evite a dupla tributação sobre a receita da empresa e esta seja responsável pelo imposto sobre certos ganhos embutidos e pela receita passiva no nível da entidade; e também tenha vida própria. Ainda que um dos sócios venda suas ações ou deixe a companhia, pode continuar suas atividades.

Para se qualificar para o status de corporação S, a empresa deve atender aos seguintes requisitos[14]:

- *Ser uma empresa nacional.*
- *Ter apenas acionistas permitidos.*
- *Podem ser indivíduos, certos trusts, propriedades.*
- *Não podem ser sociedades, parcerias ou acionistas estrangeiros não residentes.*
- *Ter no máximo 100 acionistas.*
- *Ter apenas uma classe de ações.*
- *Não ser uma empresa inelegível (certas instituições financeiras, seguradoras e empresas domésticas de vendas internacionais).*

Para se tornar uma corporação S, a empresa deve enviar o Formulário 2553 para Eleição por uma Corporação de Pequenas Empresas assinado por todos os acionistas. Consulte as instruções[15] do formulário 2553 para obter todas as informações necessárias e para determinar onde dar entrada no formulário.

14. https://www.irs.gov/businesses/small-businesses-self-employed/s-corporations
15. https://www.irs.gov/forms-pubs/about-form-2553

VANTAGENS DA CORPORAÇÃO S

As vantagens de uma empresa S geralmente superam quaisquer desvantagens percebidas. A estrutura da corporação S pode ser especialmente benéfica no momento de transferir a propriedade ou encerrar o negócio. Essas vantagens normalmente não estão disponíveis para empresas individuais e sociedades em geral. As vantagens da empresa S incluem:

a. ***Ativos protegidos.*** Uma empresa S protege os bens pessoais de seus acionistas. Na falta de garantia pessoal expressa, o acionista não assume responsabilidade pessoal pelas dívidas comerciais e obrigações da sociedade. Os credores não podem ir atrás dos bens pessoais como casa e contas bancárias dos acionistas para pagar dívidas comerciais. Em uma empresa individual ou parceria geral, os proprietários e a empresa são legalmente considerados iguais - deixando os ativos pessoais vulneráveis.

b. ***Tributação de repasse.*** Uma empresa S não paga impostos federais no nível corporativo. Nem todos, mas a maioria dos estados seguem as regras federais. Qualquer receita ou perda de negócios é "repassada" aos acionistas que relatam em suas declarações de imposto de renda pessoal. Isso significa que as perdas de negócios podem compensar outras receitas nas declarações de impostos dos acionistas para reduzir o imposto de renda pago. Isso pode ser extremamente útil na fase de inicialização de um novo negócio. Uma empresa que não elege o status de empresa S e acumula renda passiva corre o risco de ser classificada como uma empresa *holding* pessoal.

c. ***Caracterização fiscal favorável da renda.*** Os acionistas da corporação S podem ser funcionários da empresa e receber salários como funcionários. Eles também podem receber dividendos, bem como outras distribuições, isentas de impostos na medida de seu investimento na empresa. Uma caracterização razoável das distribuições como salário ou dividendos pode ajudar o proprietário-operador a reduzir a responsabilidade tributária do trabalho autônomo, enquanto ainda gera despesas de negócios e deduções de salários pagos para a corporação.

d. ***Transferência direta de propriedade.*** As participações em uma empresa S podem ser livremente transferidas sem desencadear consequências fiscais adversas. Já em uma parceria ou em uma LLC, a transferência de mais de cinquenta por cento dos juros pode desencadear o encerramento da entidade. A corporação S não precisa fazer ajustes na base de propriedade ou cumprir regras contábeis complicadas quando um interesse de propriedade é transferido.

e. ***Método de contabilidade de caixa.*** As empresas devem usar o método de contabilidade de acréscimo, a menos que sejam consideradas pequenas empresas (uma pequena empresa tem receitas brutas de $5.000.000 ou menos). As empresas S, entretanto, geralmente não precisam usar o método de acumulação, a menos que tenham estoque.

DESVANTAGENS DA CORPORAÇÃO S

Uma empresa S pode ter algumas desvantagens potenciais, que incluem:

a. ***Formação e despesas correntes.*** Para operar como uma empresa S, é necessário primeiro incorporar o negócio, preenchendo o contrato social com o estado de incorporação desejado, obtendo um agente registrado para sua empresa e pagando as taxas apropriadas. Muitos estados também impõem taxas contínuas, como relatório anual e taxas de imposto de franquia. Embora essas taxas geralmente não sejam caras e possam ser deduzidas como o custo de fazer negócios, são despesas em que um único proprietário ou sociedade em geral não incorrerá.

b. ***Obrigações de qualificação fiscal.*** Erros em relação às várias eleições, consentimento, notificação, propriedade de ações e requisitos de arquivamento podem resultar acidentalmente no encerramento do status da Corporação S. Embora isso seja relativamente raro e possa ser corrigido facilmente, ainda é um problema, embora não seja um fator em outras formas de negócios.

c. ***Ano civil.*** Uma empresa S deve adotar um ano civil como seu ano fiscal, a menos que possa estabelecer um objetivo comercial para ter um ano fiscal.

d. ***Restrições de propriedade de ações.*** Uma empresa S pode ter apenas uma classe de ações, embora possa ter ações com direito a voto e ações sem direito a voto. Portanto, não pode haver diferentes classes de investidores com direito a diferentes dividendos ou de distribuição. Além disso, o número de acionistas é limitado, não pode haver mais de 100 acionistas. A propriedade estrangeira é proibida, ou seja, um estrangeiro não residente não pode ser proprietário, assim como a propriedade de certos tipos de *trust*es e outras entidades.

e. ***Análise mais detalhada do IRS.*** Como os valores distribuídos a um acionista podem ser dividendos ou salário, o IRS examina os pagamentos para garantir que a caracterização esteja de acordo com a realidade. Como resultado, os salários podem ser caracterizados como dividendos, custando à corporação uma dedução pela compensação paga. Por outro lado, os dividendos podem ser caracterizados como salários, o que sujeita a corporação a obrigações fiscais trabalhistas.

f. ***Menos flexibilidade na alocação de receitas e perdas.*** Por causa da restrição de uma classe de ações, uma empresa S não pode alocar facilmente perdas ou receitas a acionistas específicos. A alocação de lucros e perdas é regida pela propriedade de ações, ao contrário de uma parceria ou LLC, na qual a alocação pode ser definida no acordo operacional. Além disso, a conta de ajuste acumulada necessária pode ser complicada de se manter, exigindo a entrada de um profissional de contabilidade. Os acionistas das empresas C normalmente não podem deduzir quaisquer perdas, a menos que suas ações se tornem sem valor ou sejam vendidas com prejuízo.

g. ***Benefícios adicionais tributáveis.*** A maioria dos benefícios adicionais fornecidos pela empresa são tributáveis como compensação aos funcionários-acionistas que possuem mais de 2% da empresa.

LIMITED LIABILITY CORPORATION LLC

Uma *Limited Liability Company - LLC* (Coporação de Responsabilidade Limitada) é uma estrutura empresarial permitida por estatuto estadual. Cada estado pode usar regulamentos diferentes, por isso você deve verificar as regras do seu estado, caso esteja interessado em iniciar uma empresa de responsabilidade limitada. Os proprietários de uma LLC são chamados de membros.

A maioria dos estados não restringe a propriedade, portanto, os membros podem incluir indivíduos, corporações, outras LLCs e entidades estrangeiras, não há número máximo de membros. A maioria dos estados também permite LLCs de "membro único", aquelas que têm apenas um proprietário. Alguns tipos de negócios geralmente não podem ser LLCs, como bancos e seguradoras. Verifique os requisitos do estado onde deseja estabelecer uma empresa e os regulamentos fiscais federais para obter mais informações. Existem regras especiais para LLCs estrangeiras.

CLASSIFICAÇÕES

Dependendo das eleições feitas pela LLC e do número de membros, o IRS tratará uma LLC como uma corporação, parceria ou como parte da declaração de imposto de renda do proprietário da LLC (uma "entidade desconsiderada")[16]. Especificamente, uma LLC doméstica com pelo menos dois membros é classificada como uma parceria para fins de imposto de renda federal, a menos que ela apresente o Formulário 8832 e opte por ser tratada como uma corporação.

Para fins de imposto de renda, uma LLC com apenas um membro também é tratada como uma entidade desconsiderada como separada de seu proprietário, a menos que apresente o Formulário 8832 e opte por ser tratada como uma corporação. No entanto, para fins de imposto de trabalho e certos impostos especiais de consumo, uma LLC com apenas um membro ainda é considerada uma entidade separada.

DATA EFETIVA DE ELEIÇÃO[17]

Uma LLC que deseja ter uma classificação de imposto federal diferenciada, ou que queira alterar sua classificação, usa o Formulário 8832[18], de Eleição de Classificação de Entidade, para escolher como será classificada para fins fiscais federais.

16. Uma entidade desconsiderada é uma empresa que o Internal Revenue Services (IRS) e os estados ignoram para fins de tributação, mesmo que sejam separadas do proprietário. A receita da empresa e os impostos subsequentes são passados ao proprietário para serem declarados juntos com seu imposto de renda.

17. https://www.irs.gov/businesses/small-businesses-self-employed/limited-liability-company-llc

18. https://www.irs.gov/forms-pubs/about-form-8832

Geralmente, uma eleição especificando a classificação de uma LLC não pode entrar em vigor mais de 75 dias antes da data em que a eleição foi registrada, nem pode ter efeito depois de 12 meses após a data em que a eleição foi registrada. Uma LLC pode ser elegível para alívio eleitoral tardio em certas circunstâncias.

As classificações são:

- *Uma corporação.*
- *Uma parceria.*
- *Uma entidade desconsiderada como separada do seu proprietário.*

As empresas de responsabilidade limitada são a forma de organização mais popular nos Estados Unidos. A LLC é geralmente definida do ponto de vista legal dos Estados Unidos como uma empresa:

- *Legalmente autorizada em alguns estados dos Estados Unidos.*
- *Caracterizada pela responsabilidade limitada para com seus proprietários, administração por membros e limitações na transferência de propriedade.*

Como pessoa jurídica, a LLC é capaz de possuir propriedade em seu próprio nome, contrair dívidas e outras responsabilidades, celebrar contratos e iniciar processos judiciais. A LLC é uma forma de negócio relativamente nova nos Estados Unidos que permite aos membros flexibilidade para gerenciar os assuntos internos da entidade; na verdade, a maioria dos estatutos estaduais permite que os membros da LLC participem da gestão da entidade sem sacrificar sua proteção de responsabilidade limitada. As LLCs tornam-se muito atraentes para os investidores estrangeiros, que estão preocupados com o custo da tributação no nível corporativo e com a natureza litigiosa da sociedade americana.

TRIBUTAÇÃO

1. TRIBUTAÇÃO DE RENDA

De acordo com a lei atual, as alíquotas do imposto de renda corporativo federal sobre a renda e ganhos de capital líquidos são graduais e variam de 15 a 35%. Uma empresa estrangeira envolvida em negócios nos EUA é tributada de acordo com as alíquotas normais de impostos corporativos dos EUA, mas apenas sobre a renda que está efetivamente conectada aos EUA para esse negócio. A receita de fonte dos EUA que não é derivada de ativos usados no comércio ou negócios dos EUA de uma empresa estrangeira e que não está efetivamente ligada a um comércio ou negócio dos EUA ou atribuível ao estabelecimento permanente da empresa estrangeira nos Estados Unidos (como dividendos, juros e *royalties*) está sujeito à alíquota de 30% (ou taxa inferior de acordo com um tratado aplicável).

Os estados e alguns municípios geralmente cobram um imposto de renda corporativo com alíquotas que variam entre 1% e aproximadamente 12%. Esses impostos são cobrados dos Estados Unidos e de empresas estrangeiras que conduzem atividades comerciais em um estado específico para que, por exemplo, uma empresa de Delaware com escritório em Nova York pague impostos do estado de Nova York, bem como quaisquer impostos de Delaware devidos como resultado das operações dos negócios em Delaware.

O cálculo do imposto estadual é geralmente baseado no lucro tributável declarado para fins de tributação federal, sujeito a pequenos ajustes. O lucro tributável pode ser, sujeito a certas limitações, alocado entre os estados de modo que a entidade não seja tributada duas vezes sobre o mesmo lucro. Cada estado tem sua própria fórmula de alocação, embora a maioria use a fórmula de três fatores: vendas, folha de pagamento e ativos localizados dentro do estado ou um único fator de vendas dentro do estado.

2. IMPOSTOS SOBRE VENDAS

Impostos sobre vendas são impostos em níveis estaduais e locais, diferentes do nível federal, com relação a produtos e certos serviços vendidos nos Estados Unidos. A este respeito, difere de um sistema de imposto sobre o valor acrescentado na medida em que é um imposto sobre o consumidor cobrado apenas uma vez no local de consumo e não ao longo de uma cadeia de transações que conduz ao consumo final.

O imposto sobre vendas é cobrado de acordo com a taxa em vigor no estado e/ou localidade onde a propriedade das mercadorias passa, e não com base nas taxas em vigor no local de embarque. As taxas de impostos aplicáveis variam de estado para estado e de localidade para localidade, há taxas entre 2,9% e 9,98%, com isenção geralmente concedida para alimentos e produtos médicos. A taxa de imposto sobre vendas na cidade de Miami, por exemplo, é atualmente de 7%.

A mercadoria que está sendo comprada para revenda geralmente está isenta de imposto sobre vendas. Além disso, os impostos sobre vendas não incidem sobre propriedade intangível. Todas as empresas que são obrigadas a coletar e remeter impostos sobre vendas devem se registrar no(s) estado(s) apropriado(s) onde estabeleceram vínculo antes do início dos negócios.

Se você se envolver em uma atividade comercial na Flórida, que esteja sujeita a imposto sobre vendas e uso, deverá se registrar como distribuidor de impostos sobre vendas e uso para coletar, relatar e remeter o imposto sobre vendas e uso antes de começar a conduzir negócios na Flórida[19].

Mesmo as empresas atacadistas podem ter que se registrar como fornecedores de impostos sobre vendas com o estado, a fim de aceitar certificados de revenda de seus clientes e comprar

19. https://floridarevenue.com/Forms_library/current/gt300015.pdf

certos itens (como matérias-primas, máquinas, equipamentos e eletricidade usados na produção) sem pagar imposto sobre as vendas. Um certificado de revenda é um documento oficial que permite ao comprador fazer compras sem impostos, que normalmente estão sujeitas a impostos sobre vendas, caso pretendam revender o imóvel ou serviço. Além disso, alguns estados exigem que o comprador de uma empresa apresente uma declaração de imposto sobre vendas a granel e pague imposto sobre vendas na aquisição de certos ativos, como móveis e utensílios, computadores e outros bens e suprimentos não capitalizados.

3. IMPOSTOS SOBRE A FOLHA DE PAGAMENTO

Os impostos de previdência social deverão ser pagos por residentes trabalhando nos EUA, tanto pelo empregador quanto pelo empregado. O programa de Seguro de Velhice, Sobrevivência e Incapacidade da Previdência Social (OASDI)[20] limita o valor dos rendimentos sujeitos a tributação em um determinado ano. O mesmo limite anual também se aplica quando esses rendimentos são usados em um cálculo de benefício. Esse limite muda a cada ano com as mudanças no índice de salário médio nacional. Chamamos esse limite anual de base de contribuição e benefício. Este montante também é comumente referido como o máximo tributável. Para ganhos em 2022, essa base é de $147.000.

A taxa de imposto OASDI para salários pagos em 2022 é fixada por lei em 6,2% para empregados e empregadores, cada. Assim, um indivíduo com salário igual ou superior a $147.000 contribuirá com $9.114,00 para o programa OASDI em 2022 e seu empregador contribuirá com a mesma quantia. A alíquota do OASDI para renda de trabalho autônomo em 2022 é de 12,4%. Para o programa de seguro hospitalar (HI) do Medicare, as taxas de imposto são de 1,45% para empregados e empregadores,

20. https://www.ssa.gov/policy/docs/statcomps/supplement/2020/oasdi.html

e 2,90% para trabalhadores autônomos sem limitação do montante do salário[21].

No entanto, de acordo com qualquer um dos acordos de totalização firmados pelos Estados Unidos, os estrangeiros não precisarão pagar impostos de seguridade social nos Estados Unidos se forem transferidos temporariamente para o país por um período inferior a cinco anos, desde que permaneçam sujeitos às obrigações sociais de imposto de segurança em seu país de origem (nem todos os acordos de totalização têm a regra de cinco anos).

Além disso, eles ainda teriam direito a benefícios nos Estados Unidos, desde que o estrangeiro tenha contribuído para o sistema de seguridade social por pelo menos 18 meses nos Estados Unidos. Existem também outros tipos de impostos sobre a folha de pagamento, como Seguro Desemprego Federal, Seguro Desemprego Estadual, e requisitos de seguro, como Seguro de Compensação de Trabalhadores e Seguro de Incapacidade exigido pelo Estado.

PREÇOS DE TRANSFERÊNCIA

O IRS aumenta seu escrutínio sobre os preços de transferência quando os Estados Unidos e membros de grupos estrangeiros estão envolvidos. Regulamentos foram emitidos que reforçam o padrão de "comprimento do braço" enquanto aumentam a ênfase na comparabilidade e documentação. Transações de curta duração são identificadas como transações entre duas empresas não relacionadas. As transações entre uma empresa *holding* e sua subsidiária integral não são consideradas com isenção de juros.

Vários métodos são permitidos para determinar um preço de mercado adequado, incluindo o uso de comparáveis de transações, lucros comparáveis e métodos de divisão de lucros.

21. https://www.ssa.gov/oact/cola/cbb.html

Os contribuintes devem identificar e documentar o melhor método, dependendo de suas circunstâncias. A falha em manter a documentação simultânea das determinações de preços, incluindo um estudo de preço de transferência por escrito, pode resultar em penalidades substanciais (até 40% do imposto devido relacionado à transferência ajuste de preços). Os ajustes do IRS também podem resultar em dupla tributação, uma vez que alguns países parceiros do tratado podem não fornecer ajustes correlativos em casos de preços de transferência nos EUA. Nos casos em que um país do tratado esteja envolvido, consulte uma autoridade competente sobre transações entre empresas.

A seção 482 do Código autoriza o IRS a ajustar a renda, deduções, créditos ou abatimentos de contribuintes comumente controlados para evitar a evasão de impostos ou para refletir claramente sua renda. Os regulamentos da seção 482 geralmente estabelecem que os preços cobrados por uma afiliada a outra, em uma transação entre empresas envolvendo a transferência de bens, serviços ou intangíveis, geram resultados que são consistentes com os resultados que teriam sido realizados se os contribuintes não controlados tivessem se envolvido na mesma transação nas mesmas circunstâncias.

Para atenuar as controvérsias em disputas de preços de transferência, o IRS incentiva o uso de *Advanced Pricing Agreements (APA)*, um programa que fornece um mecanismo alternativo de resolução de disputas para que os contribuintes e o IRS resolvam casos complexos de preços de transferência internacional. Espera-se que, quando os parceiros do tratado estiverem envolvidos, as autoridades competentes dos países relevantes estejam envolvidas no processo. Se possível, os contribuintes devem buscar acordos bilaterais, e possivelmente multilaterais, para garantir que a estratégia de preços seja acordada por todos os países envolvidos.

Um rápido resumo dos prós e contras da formação de uma Sociedade de Responsabilidade Limitada (LLC)[22]:

VANTAGENS DE UMA LLC

a. ***Menos formalidades corporativas.*** As corporações devem realizar reuniões regulares do conselho de administração e acionistas, manter atas corporativas escritas e arquivar relatórios anuais com o estado. Por outro lado, os membros e gerentes de uma LLC não precisam realizar reuniões regulares, o que reduz complicações e papelada.

b. ***Sem restrições de propriedade.*** As corporações S não podem ter mais de 100 acionistas, e cada acionista deve ser uma pessoa física residente ou cidadão dos Estados Unidos. Não há tais restrições impostas a uma LLC.

c. ***Capacidade de usar o método de contabilidade de caixa.*** Ao contrário de uma corporação C, que muitas vezes deve usar o método de contabilidade de competência, a maioria das empresas de responsabilidade limitada pode usar o método de contabilidade de caixa. Isso significa que a renda não é ganha até que seja recebida.

d. ***Capacidade de colocar os interesses dos sócios em um relação de trust vivo.*** Os membros de uma LLC são livres para colocar seus interesses de membro em um *trust* vivo. É difícil colocar ações de uma corporação S em um *trust* vivo.

e. ***Capacidade de deduzir perdas.*** Os membros que são participantes ativos nos negócios de uma LLC podem deduzir suas perdas operacionais da receita regular do membro, na medida permitida por lei. Os acionistas de uma empresa S também podem deduzir perdas operacionais, mas os acionistas de uma empresa C não.

22. https://www.alllaw.com/articles/business_and_corporate/articlelz10.asp

f. ***Flexibilidade tributária.*** Por padrão, as LLCs são tratadas como uma entidade de "passagem" para fins fiscais, bem como uma sociedade individual ou parceria. Isso significa que as LLCs evitam a dupla tributação. Além disso, o proprietário de uma LLC não é obrigado a pagar impostos de seguro-desemprego sobre seu próprio salário. No entanto, uma LLC também pode ser tratada como uma corporação para fins fiscais, seja como uma corporação C ou uma corporação S.

DESVANTAGENS DE UMA LLC

Embora formar uma LLC seja uma ótima opção para algumas empresas, existem algumas desvantagens potenciais das LLCs que podem não ser adequadas para todos. Essas desvantagens são situacionais e podem não se aplicar a todas, dependendo das circunstâncias específicas de um indivíduo e da empresa:

a. ***Lucros sujeitos a impostos de previdência social e assistência médica.*** Em algumas circunstâncias, os proprietários de uma LLC podem acabar pagando mais impostos do que os proprietários de uma corporação. Os salários e lucros de uma LLC estão sujeitos a impostos sobre trabalho autônomo, atualmente iguais a 15,3% combinados. Com uma corporação, apenas os salários (e não os lucros) estão sujeitos a esses impostos.

b. ***Os proprietários devem reconhecer imediatamente os lucros.*** Uma corporação C não precisa distribuir imediatamente seus lucros aos acionistas como dividendo. Isso significa que os acionistas de uma empresa C nem sempre são tributados sobre os lucros da empresa. Como uma LLC não está sujeita a dupla tributação, os lucros da LLC são automaticamente incluídos na renda de um membro.

c. ***Menos benefícios adicionais.*** Os funcionários de uma LLC que recebem benefícios adicionais, como seguro em grupo, planos de reembolso médico, seguro médico e estacionamento, devem tratar esses benefícios como renda tributável. O mesmo é válido para funcionários que possuem mais de 2% de uma corporação S. No entanto, os funcionários de uma empresa C que recebem benefícios adicionais não precisam relatar esses benefícios como renda tributável.

REQUERIMENTOS PARA UMA LLC NA FLÓRIDA

Se você deseja abrir e administrar uma empresa de responsabilidade limitada (LLC) na Flórida, precisará preparar e apresentar vários documentos ao estado.

1. Relatório anual. O estado da Flórida exige que você apresente um relatório anual para sua LLC e é devido a cada ano até o dia 1º de maio. A taxa de registro para LLCs (até a data da publicação deste livro) é de $138,75. Outros tipos de empresas pagam taxas diferentes. Há uma multa pesada de $550 para relatórios protocolados com atraso. Você pode ver a lista completa das taxas de depósito no site do DOS[23].

O relatório anual pode ser feito on-line no site da Sunbiz. Para preenchê-lo, você precisa principalmente confirmar as informações preexistentes sobre endereços, seu agente registrado e as pessoas autorizadas a gerenciar sua LLC. É a ocasião ideal para fazer alterações, se necessário sem custo adicional.

2. Imposto comercial estadual. Quando se trata de imposto de renda, a maioria das LLCs são as chamadas entidades tributárias de repasse. Em outras palavras, a responsabilidade pelo pagamento do imposto de renda federal passa pela própria LLC e recai sobre

23. https://dos.myflorida.com

os membros individuais da LLC. Por padrão, as próprias LLCs não pagam imposto de renda, apenas seus membros. Como a Flórida é um dos raros estados que não têm imposto de renda para pessoas físicas, isso significa que os membros da LLC não devem imposto de renda estadual sobre os ganhos da LLC. Alguns estados impõem um imposto ou taxa separada sobre as LLCs pelo privilégio de fazer negócios no estado.

A Flórida, porém, não é um desses estados. No entanto, em alguns casos, os proprietários de uma LLC optam por ter seus negócios tratados como uma corporação para fins fiscais. Essa escolha é feita através do preenchimento do Formulário 2553 do IRS (consulte o site do IRS para obter o formulário)[24]. Ao contrário da situação de imposto de repasse padrão, quando uma LLC opta por ser tributada como uma empresa, a própria empresa deve apresentar uma declaração de imposto separada.

O estado da Flórida, como quase todos os outros estados, tributa a receita das empresas. O imposto de renda corporativo da Flórida geralmente é de 5,5% da receita tributável federal (com algumas isenções). Também existe um imposto de renda mínimo alternativo. O imposto deve ser pago ao Departamento de Receita da Flórida (DOR)[25]. Use a versão do Formulário F-1120 apropriada para sua empresa em particular para pagar o imposto. Para obter mais detalhes, inclusive sobre a declaração eletrônica, consulte o site do DOR[26].

Você pode se registrar on-line ou por correio, através do Formulário DR-1. Depois que se registrar, você receberá um Certificado de Registro (Formulário DR-11) e outros documentos. Você deve então enviar declarações de impostos sobre vendas ao DOR periodicamente (mensal, trimestral, semestral ou anualmente). Você pode fazer isso no papel ou

24. https://www.irs.gov/forms-pubs/about-form-2553
25. Florida Deoartment of Revenue - DOR http://dor.myflorida.com/dor/
26. Florida LLC Annual Filing Requirements https://bit.ly/3mtXHGo

eletronicamente. Recomendamos que use o serviço de um especialista em impostos, como um advogado ou CPA.

REGISTRO EM OUTROS ESTADOS

Se você pretende fazer negócios em outros estados que não seja a Flórida, pode ser necessário registrar sua LLC em alguns ou todos esses estados. Se você for obrigado a se registrar, dependerá dos estados específicos envolvidos: cada estado tem suas próprias regras sobre o que constitui fazer negócios e se o registro é necessário.

Muitas vezes, atividades como ter uma presença física, ou seja um local de negócios em um estado, contratar funcionários ou solicitar negócios como: por telefone, anúncios impressos, correio ou Internet, serão consideradas negócios para fins de registro.

O registro geralmente envolve a obtenção de um certificado de autoridade ou documento semelhante. Embora esses requisitos operacionais mudem para cada situação individual, em um cenário simples de administrar uma entidade Flórida LLC, os requisitos anuais serão mais ou menos assim:

- *Renovação do serviço de agente registrado.*
- *Preenchimento do Formulário 5472 com a página de rosto do Formulário 1120.*

Dependendo de quem você usa como agente registrado, é provável que isso seja feito inteiramente por eles. A renovação do serviço envolve o pagamento da conta, que, mesmo sendo cara provavelmente é de apenas $500 e incluirá o preenchimento do relatório anual.

Os formulários 5472 e 1120 exigirão alguma contribuição sua, mas provavelmente levará 30 minutos na primeira vez que você fizer isso com a ajuda de seu agente, se você tiver mantido registros contábeis durante o ano. O recomendável é que use um agente devidamente licenciado para cuidar de sua contabilidade.

CORPORATION VS. LLC - QUAL É O MELHOR PARA UM ESTRANGEIRO?

Como em outros países, existem várias maneiras diferentes de fazer negócios nos EUA. Geralmente, os cidadãos estrangeiros e as empresas incorporam seus negócios nos Estados Unidos como LLC ou C-Corp. Isso porque nenhum desses tipos de entidades tem restrições quanto ao número de proprietários estrangeiros. Parcerias e sociedades individuais não são tão populares, pois não limitam a responsabilidade dos proprietários da mesma forma que uma C-Corp ou uma LLC.

Se você é um *solopreneur* ou proprietário individual de uma pequena empresa, uma LLC é provavelmente a melhor opção. Esta é a escolha mais comum entre proprietários de pequenas empresas estrangeiras que desejam se estabelecer nos EUA. A exceção a esta regra é se você planeja buscar capital de investimento. *C Corporations* formadas em Delaware são uma escolha moderna entre as *startups* que buscam capital de risco.

Abrir uma nova empresa pode parecer uma tarefa simples, mas não é. Como estrangeiro, o processo leva mais tempo do que para uma empresa nacional. Na primeira vez que você configura uma LLC nos EUA, todo o processo pode levar cerca de cinco semanas, porém, boa parte do tempo depende de terceiros. Talvez você não precise gastar mais do que um dia de seu tempo nesse processo.

ETAPA 1 - REGISTRE SUA LLC

Para iniciar o processo, você precisa trabalhar com o que é conhecido como "Agente Registrado". Essa é essencialmente uma empresa que irá registrar sua nova LLC. Você paga a taxa, dá ao seu agente 2 ou 3 nomes de empresas diferentes, fornece algumas informações pessoais (que eles mantêm em sigilo) e detalhes do seu negócio. Normalmente, você pode registrar sua nova LLC dentro de 72 horas.

ETAPA 2 - OBTENHA UM ENDEREÇO COMERCIAL FÍSICO

Um requerimento para quem deseja abrir uma LLC é ter um endereço comercial nos Estados Unidos. Você pode até usar o endereço do seu agente registrado, mas muitas vezes não são bem-vistos pelos bancos e processadores de pagamento e causam problemas no futuro porque muitas empresas são registradas no mesmo endereço e usam caixas postais em alguns casos. Por esse motivo, é recomendável usar um serviço de endereço físico real.

Não há nenhuma regra dizendo que sua LLC precisa usar um endereço físico na Flórida, mas se você quiser evitar a suspeita dos bancos, é melhor obter um. Você pode usar esse endereço para coletar correspondências que podem ser digitalizadas ou encaminhadas para você, o que pode ser útil mais tarde para qualquer papelada do IRS ou cartões de crédito que desejarem enviar para você (pois não serão enviados para o exterior).

ETAPA 3 - INSCREVA-SE PARA UM EIN

Para abrir uma conta bancária, você precisará de um número de identificação do empregador do IRS. Um EIN é essencialmente um número de seguro social ou de arquivo fiscal, apenas para entidades empresariais. Se você tiver um SSN ou ITIN, poderá se inscrever gratuitamente on-line. Se você não fizer isso, no entanto, pode ser um pouco complicado conseguir um.

Use o Formulário SS-4 para solicitar um número de identificação do empregador (EIN). Um EIN é um número de 9 dígitos por exemplo, (12-3456789) atribuído a empregadores, proprietários individuais, corporações, sociedades, propriedades, fundos fiduciários, certos indivíduos e outras entidades para fins de declaração de impostos[27].

ETAPA 4 - ABRA UMA CONTA BANCÁRIA COMERCIAL

Não é necessário estar nos Estados Unidos para abrir uma conta em banco. Existem opções de bancos tradicionais e de banco eletrônico, que são rápidos e fáceis de configurar e têm poucas taxas. Consulte seu agente registrado para a melhor escolha para o tipo de negócio que você pretende operar.

ETAPA 5 - OBTER UM PROCESSADOR DE PAGAMENTO (MERCHANT ACCOUNT)

Se você planeja processar pagamentos com cartão de crédito, esta etapa é essencial. Em geral, algumas das melhores opções são *2Checkout*, *Stripe* ou sua conta de serviços de comerciante do banco, conhecidas como *Merchant Account*. O *Stripe* oferece uma taxa melhor, enquanto o 2Checkout permite que você processe pagamentos do *PayPal* sem uma conta do *PayPal*. Existem outras alternativas que devem ser analisadas de acordo com suas necessidades. Seu agente poderá orientá-lo acerca da opção mais conveniente para seu tipo de empreendimento.

ETAPA 6 - CONFIGURAR UM SISTEMA DE CONTABILIDADE

Esta é basicamente a etapa final e essencial para o bom andamento de sua empresa. É importante manter suas operações registradas através de um sistema de contabilidade, tanto para fins de manutenção de registros quanto para ajudar a administrar bem a empresa. Se você planeja fazer a contabilidade sozinho, precisará de um software que permita a importação automática de sua conta bancária.

---

27. Observação: mantenha as informações do Formulário SS-4 atualizadas. Use o Formulário 8822-B para relatar alterações à sua parte responsável, endereço ou local. Mudanças nas partes responsáveis devem ser relatadas ao IRS dentro de 60 dias. Envie por fax usando um serviço de fax virtual.

Você pode assinar aplicativos como *QuickBooks On-line* ou *Sage Intacct* (antigo *Peachtree*). Nós não o encorajamos a fazer o controle contábil de sua empresa por conta própria, pois existem muitos profissionais experientes de boa referência que podem cuidar da parte contábil e tributária de sua empresa e lhe poupar futuras dores de cabeça.

É HORA DE COMEÇAR A FAZER NEGÓCIOS!

Não há razão para que você não esteja pronto para fazer negócios com sua nova empresa nos EUA em aproximadamente cinco semanas. A oportunidade de imigrar para os Estados Unidos com visto de investidor, abrir e administrar uma empresa, adquirir imóveis e seguros são excelentes opções para dar o primeiro passo para quem deseja mudar de vida em um país que oferece grandes oportunidades. Você vai precisar de uma consultoria bem estruturada para ajudá-lo neste processo.

Oferecemos serviço de consultoria empresarial para ajudá-lo a estabelecer sua empresa nos Estados Unidos. Com mais de vinte anos vivendo no país, temos suficiente *know-how* para abrir os caminhos e apontar as melhores soluções para o sucesso do seu empreendimento. Você pode nos contatar enviando suas perguntas para nosso e-mail: info@edivaldofontes.com ou diretamente pelo telefone +1 (561) 221-5922. Visite nossa página: https://edivaldofontes.com

COMO ADMINISTRAR UMA EMPRESA NA AMÉRICA 3

Começar um negócio é uma das experiências mais emocionantes e gratificantes que você pode ter como um profissional, empresário ou investidor, principalmente quando se trata de uma empresa nos Estados Unidos. Mas a pergunta é como e por onde começar? Existem muitas maneiras diferentes de iniciar o próprio negócio, mas é essencial considerar quanto tempo e quanto dinheiro deseja investir antes de tomar qualquer decisão. Neste capítulo, nos concentraremos nos aspectos iniciais de um negócio, em determinar o que fazer e como conduzir sua empresa para o sucesso.

1. Mentalidade Certa. A ideia de sucesso da noite para o dia é algo que enche a cabeça de qualquer empresário. No entanto, raramente é tão simples, pois o sucesso leva anos de sonho, construção e posicionamentos antes de um grande lançamento público. Por esse motivo, é importante concentrar-se nos desafios adiante e não medir seu sucesso empresarial comparando com o de outra pessoa.

Os novos empreendedores alimentam-se inicialmente de sua motivação, mas ficam frustrados quando ela diminui. Por isso é imprescindível criar hábitos e seguir rotinas que o fortaleçam quando a motivação for embora, pois a consistência é a chave do negócio.

Alguns empresários "mergulham de cabeça", e simplesmente tentam resolver as coisas à medida em que avançam; por outro lado, existem aqueles que ficam estagnados em análises infinitas, o que gera ansiedade e hesitação, impedindo-os de começar. O ideal é se posicionar no meio, tomando a iniciativa de fazer acontecer, sem ignorar a necessidade de um bom planejamento inicial.

A melhor maneira de realizar qualquer negócio ou meta pessoal é escrever todas as etapas possíveis para atingir a meta desejada. Em seguida, organizar essas etapas de acordo com o que precisa acontecer primeiro. Algumas etapas podem levar minutos, enquanto outras exigem mais tempo e dedicação. O objetivo é sempre dar o próximo passo.

2. Refine sua ideia de negócio. A maioria dos consultores de negócios diz para você monetizar aquilo que ama, embora não seja um conceito errado, essa ideia deixa de lado dois elementos muito importantes: lucratividade e expertise. Por exemplo, você pode adorar música, mas quão viável será a ideia de negócio se não for um ótimo cantor ou compositor? Ou talvez você adore fazer sapatos e queira abrir uma sapataria numa localização em que já existam três ou quatro na vizinhança, possivelmente o mercado pode estar saturado e criar o mesmo produto que outros fornecedores, pode ser frustrante, senão desastroso.

Se não tem convicção de qual negócio abrir, comece com as seguintes perguntas:

- *O que eu gosto de fazer?*
- *O que eu detesto fazer?*
- *Que problemas isso resolve?*
- *Existe uma demanda por este produto ou serviço?*

Se conseguir responder positivamente essas perguntas, terá

definido o que fazer, modificar ou, a expandir se já tem uma empresa atuante. O propósito é determinar se a ideia de negócios é viável e lucrativa.

3. Faça uma boa pesquisa de mercado. A maioria dos empresários investe mais tempo na concepção e criação de um produto, do que em conhecer seu mercado e a concorrência existente. A chave para o sucesso de qualquer novo negócio está na habilidade de responder perguntas como: O que diferencia meu produto ou serviço dos existentes no mercado? Se a análise de mercado indica que está saturado em sua área de atuação, talvez seja a hora de uma nova abordagem. Um exemplo simples é uma fábrica de armários de cozinha para construções novas. Em vez de produzir armários comuns, você pode se especializar em armários de madeira de lei, ou em um determinado produto dentro do mesmo segmento que, através de uma boa pesquisa de mercado, possa ser mais promissor. Para tanto, considere dois níveis de pesquisa:

- *Pesquisa primária.* O primeiro estágio de qualquer estudo de concorrência é a pesquisa primária, que envolve a obtenção de dados diretamente de clientes em potencial, ao invés de basear suas conclusões em dados anteriores. Você pode usar questionários, pesquisas e entrevistas para saber o que os consumidores desejam. Isso o ajudará a determinar se há uma procura pelo produto ou serviço que deseja oferecer.
- *Pesquisa secundária.* Utilize as fontes de informação existentes, como dados do censo e outros bancos de dados, dos quais possa reunir informações atuais que podem ser estudadas, compiladas e analisadas de várias maneiras adequadas às suas necessidades.

4. Faça uma análise SWOT. Uma análise *SWOT* é uma maneira de analisar diferentes aspectos da sua empresa e determinar o quanto é competitiva. Isso irá ajudá-lo a decidir quais estratégias usar no futuro, para que você tenha sucesso contínuo. Simplificando, *SWOT*[1] significa pontos fortes, pontos fracos, oportunidades e ameaças. Essa é uma análise que identifica os pontos fortes e fracos da sua empresa, além de identificar as oportunidades e ameaças que poderá enfrentar no mercado atual.

A realização de uma análise *SWOT* permite que você observe os fatos que determinam como seu produto ou ideia pode funcionar se levado ao mercado e também pode ajudá-lo a tomar decisões sobre a direção de sua ideia. É projetada para facilitar uma visão realista, baseada em fatos e orientada por dados de uma organização, das iniciativas ou dentro do setor de atuação. A organização necessita de uma análise precisa, evitando crenças pré-concebidas ou áreas cinzentas, ao invés disso, focar em contextos da vida real. As empresas devem usá-la como um guia e não necessariamente como uma receita.

5. Crie um plano de negócios. Um plano de negócios é um documento dinâmico que serve como um roteiro para o estabelecimento de um novo negócio. Este documento simplifica a compreensão e absorção por investidores, instituições financeiras e administradores de empresas em potencial. Mesmo que você pretenda se autofinanciar, um plano de negócios pode ajudá-lo a concretizar sua ideia e identificar problemas em potencial. Um plano de negócios completo deve conter as seguintes seções:

- *Sumário executivo.* O sumário executivo deve ser o primeiro item do plano de negócios, mas deve ser escrito por último. Ele descreve o novo negócio proposto e destaca os objetivos da empresa e os métodos para alcançá-los.

1. A análise ***SWOT*** (strengths - forças, weaknesses - fraquezas, opportunities - oportunidades, and threats - ameaças) é uma estrutura usada para avaliar a posição competitiva de uma empresa e desenvolver o planejamento estratégico. A análise ***SWOT*** avalia os fatores internos e externos, bem como o potencial atual e futuro.

- *Descrição da Empresa.* A descrição da empresa cobre os problemas que seu produto ou serviço resolve e por que seu negócio ou ideia é melhor. Por exemplo, se sua experiência profissional é em engenharia estrutural e você a usa para criar um novo tipo de concreto para construção de prédios comerciais, você tem as credenciais adequadas para fazer o melhor material.
- *Análise de mercado.* Esta seção do plano de negócios analisa o quão bem uma empresa está posicionada em relação a seus concorrentes. A análise de mercado deve incluir mercado-alvo, análise de segmentação, tamanho do mercado, taxa de crescimento, tendências e uma avaliação do ambiente competitivo.
- *Organização e estrutura.* Escreva sobre o tipo de organização empresarial que você espera, qual a proposta de estratégias de gerenciamento de risco e quem fará parte da equipe de gerenciamento. Quais são suas qualificações? O seu negócio será uma parceria, uma LLC de um único membro ou uma corporação?
- *Missão e objetivos.* Esta seção deve conter uma breve declaração de missão, detalhes do que a empresa deseja realizar e as etapas para chegar lá. Essas metas devem ser SMART (específicas, mensuráveis, orientadas para a ação, realistas e com limite de tempo).
- *Produtos ou serviços.* Esta seção descreve como sua empresa irá operar. Inclui quais produtos você oferecerá aos consumidores no início do negócio, como eles se comparam aos concorrentes existentes, quanto custa o seu produto, quem será responsável por criar o produto, como você obterá os materiais e quais os custos envolvidos.
- *Resumo histórico.* Esta parte do plano de negócios é a mais

demorada para ser escrita. Compile e resuma todos os dados, artigos e estudos de pesquisa sobre tendências que podem afetar positiva ou negativamente o seu negócio ou indústria.

- *Plano de marketing.* O plano de marketing identifica as características do seu produto ou serviço, resume a análise *SWOT* e analisa os concorrentes. Também discute que canais de promoção serão usados, quanto será investido em marketing e quanto tempo a campanha deve durar.
- *Plano financeiro.* O plano financeiro talvez seja o cerne do plano de negócios, porque sem dinheiro o negócio não vai progredir. Inclua uma proposta de orçamento em seu plano financeiro, juntamente com as demonstrações financeiras projetadas; como uma declaração de renda, um balanço patrimonial e uma declaração de fluxos de caixa. Normalmente, cinco anos de demonstrações financeiras projetadas são aceitáveis. Esta seção é também onde você deve incluir sua solicitação com um valor específico, se estiver procurando por financiamento externo.

*6. **Escolha sua estrutura de negócios.*** Antes de abrir uma empresa nos Estados Unidos, é essencial considerar como cada estrutura ou modelo empresarial funciona, as vantagens e desvantagens de cada modelo; e como a escolha afeta a tributação, as operações diárias de sua nova empresa e se seus ativos pessoais estão em risco.

Antes de decidir sobre a estrutura de um negócio, discuta seus objetivos empreendedores com um contador experiente, pois cada tipo de negócio tem tratamentos fiscais diferentes, que podem afetar seus resultados financeiros. Conheça as diferentes estruturas de negócios, vantagens e desvantagens com mais detalhes no capítulo 2: "Como abrir uma empresa na América".

*7. **Registre sua empresa e cuide da documentação.*** Existem várias questões jurídicas a serem abordadas ao iniciar um negócio, após a escolha da estrutura. Começando pela escolha do nome da empresa. Torne-o memorável, mas não muito difícil. Registre um domínio, se disponível, com o mesmo nome de sua empresa, para estabelecer sua presença na Internet. O nome de uma empresa não pode ser igual a outra registrada em seu estado de domicílio, nem pode infringir outra marca comercial ou marca de serviço já registrada no *U.S. Patent and Trademark Office* (USPTO).

Dê entrada nos documentos de formação de empresa em seu estado de domicílio. Você criará oficialmente uma corporação, LLC ou outra entidade comercial preenchendo formulários com a agência comercial do seu estado - geralmente na secretaria de estado. Como parte desse processo, precisará escolher um agente registrado para aceitar documentos legais em nome de sua empresa, também pagará uma taxa de registro.

O estado enviará um certificado que você poderá usar para solicitar licenças, um número de identificação fiscal e contas bancárias comerciais. Inscreva-se para obter um número de identificação do empregador. Todas as empresas que não sejam empresas individuais sem funcionários devem ter um número de identificação de empregador federal. Faça sua inscrição no IRS.

Normalmente, você receberá o número em apenas alguns minutos. Inscreva-se para obter as licenças e autorizações que precisa. Os requisitos legais são determinados pelo seu setor e jurisdição. A maioria das empresas precisa de uma combinação de licenças locais, estaduais e federais para operar. Verifique as informações de licenciamento adequadas à sua área com o escritório do governo local.

8. Abra uma conta bancária empresarial. Mantenha seus negócios e finanças pessoais separados. Veja como escolher uma conta corrente comercial e por que contas comerciais separadas são essenciais. Inscreva-se para obter um seguro empresarial. Você deve considerar um seguro de responsabilidade geral[2] para o seu negócio em caso de danos materiais, ações judiciais ou outros problemas.

O seguro de responsabilidade civil sobre o produto e o seguro de propriedade comercial também podem ser benéficos. Na maioria dos estados, o seguro de acidentes de trabalho é exigido por lei se você tiver funcionários.

Escolha um contador ou obtenha um software de contabilidade. Se você vende um produto, precisa de uma função de estoque em seu software de contabilidade para gerenciar e rastrear o estoque. O software deve ter lançamentos contábeis e a capacidade de gerar demonstrações financeiras.

9. Financie Seu Negócio. Existem muitas maneiras diferentes de financiar seu negócio. Algumas requerem um esforço considerável, enquanto outras são mais fáceis de obter. Existem duas categorias de financiamento: interno e externo.

O financiamento interno inclui:

- *Poupança pessoal.*
- *Cartões de crédito.*
- *Fundos de amigos e familiares.*

Se você financia o negócio com fundos próprios ou com cartões de crédito, você tem que pagar a dívida com os cartões de crédito e perderá uma boa parte de sua riqueza se o negócio falir. Ao permitir que seus familiares ou amigos invistam em seu negócio, você está arriscando ressentimentos e relacionamentos

2. O General liability insurance - GL (seguro de responsabilidade geral), muitas vezes referido como seguro de responsabilidade empresarial, é uma cobertura que pode protegê-lo de uma variedade de reclamações, incluindo lesões corporais, danos materiais, lesões pessoais e outras que podem surgir de suas operações comerciais.

tensos se a empresa não der certo. Os proprietários de empresas que desejam minimizar esses riscos podem considerar o financiamento externo.

O financiamento externo inclui:

- *Empréstimos para pequenas empresas.*
- *Subsídios para pequenas empresas.*
- *Investidores anjo.*
- *Capital de risco.*
- *Financiamento colaborativo.*

As pequenas empresas podem ter que usar uma combinação de várias fontes de capital. Considere quanto dinheiro é necessário, quanto tempo levará para que a empresa possa reembolsá-lo e quão tolerante ao risco você é. Não importa qual fonte você use, planeje o lucro.

10. Divulgue seu negócio. Muitos proprietários de empresas investem tanto dinheiro criando seus produtos que não há um orçamento de marketing no momento do lançamento. Ou, eles gastaram tanto tempo desenvolvendo o produto que o marketing acaba se tornando um pensamento secundário. Mesmo que você seja uma empresa tradicional, uma presença na web é essencial. Você pode criar um site informativo padrão ou um site de comércio eletrônico para vender produtos on-line.

Depois de obter um site ou loja de comércio eletrônico, concentre-se em otimizá-lo para mecanismos de busca (SEO)[3]. Dessa forma, quando um cliente potencial pesquisar palavras-chave específicas para seus produtos, o mecanismo de pesquisa

3. SEO - Search Engine Optimization. Significa "otimização do mecanismo de pesquisa". Em termos simples, significa o processo de melhorar seu site para aumentar sua visibilidade quando as pessoas procuram produtos ou serviços relacionados ao seu negócio no Google, Bing e outros mecanismos de busca. Quanto melhor visibilidade suas páginas tiverem nos resultados de pesquisa, maior será a probabilidade de você chamar a atenção e atrair clientes existentes e em potencial para sua empresa.

pode direcioná-los para o seu site. SEO é uma estratégia de longo prazo, então não espere uma tonelada de tráfego dos motores de busca inicialmente, mesmo que você esteja usando todas as palavras-chave certas.

Forneça conteúdo digital de qualidade em seu site, o que torna mais fácil para os clientes encontrarem as respostas corretas para suas perguntas. As ideias de marketing de conteúdo incluem vídeos, depoimentos de clientes, postagens em blogs e demonstrações. Considere o marketing de conteúdo uma das tarefas mais críticas em sua lista de tarefas diárias. Isso é usado em conjunto com a postagem nas redes sociais. Você não precisa necessariamente estar em todas as plataformas de mídia social disponíveis, escolha a que melhor atende as necessidades de promoção social do seu negócio.

GESTÃO EMPRESARIAL PARA O SUCESSO

A gestão de empresas se refere ao processo de alinhamento e coordenação de todos os aspectos de um negócio, seja administrar seus funcionários, fornecedores, finanças comerciais, seu roteiro ou realizar tarefas diárias. Gerenciar uma empresa apresenta alguns desafios únicos para o proprietário. Além do conhecimento dos princípios básicos das pequenas empresas americanas, você também precisa saber gestão financeira, gestão de recursos humanos e as leis e regulamentos relacionados ao seu ramo.

De acordo com o *US Census Bureau*, cerca de 99,7% de todas as empresas nos Estados Unidos são pequenas empresas. Embora não haja consenso sobre o que constitui uma pequena empresa, a *Small Business Administration (SBA)* geralmente considera uma empresa com menos de 500 funcionários como uma pequena empresa. Além do número de funcionários, o SBA usa outros fatores para determinar se uma empresa pode ser qualificada como *Small Business*. Por exemplo, a empresa está sediada e opera nos EUA, é um participante minoritário, é de propriedade independente, é um empreendimento lucrativo etc.

A razão pela qual as empresas são classificadas como pequenas empresas é que as questões administrativas e operacionais dessas empresas diferem muito das grandes corporações. Um dos benefícios de um empreendimento ser definido como uma pequena empresa, é que pode ganhar contratos e aproveitar empréstimos comerciais do governo, e também ter acesso a ferramentas que podem ajudar a competir com empresas maiores.

Ao contrário das grandes corporações, as pequenas empresas têm orçamentos limitados, muito menos burocracia e talvez atendendo apenas a uma área geográfica regional. Elas se concentram em fornecer atendimento de alta qualidade ao cliente e usar a criatividade e a inovação para criar produtos e serviços melhores.

O QUE É A GESTÃO DE PEQUENA EMPRESA?

Desde a criação de uma empresa, determinação de requisitos de financiamento, gerenciamento de funcionários, supervisão de marketing e publicidade e gerenciamento de seu próprio tempo, a gestão de pequenas empresas envolve a coordenação de todos os aspectos do negócio, para garantir que continue crescendo e alcance o sucesso. Para tal, é importante que os passos seguintes sejam levados bem a sério.

1. Tenha um Plano de Negócios Enxuto. Um *Lean Business Plan* (Plano de Negócios Enxuto) faz o que todo empresário e iniciante aspirante precisa para gerenciar: estratégia, táticas, execução e números essenciais de negócios. Ele existe para gerenciamento interno, não para estranhos e permanece enxuto e simples com marcadores para o essencial e uma coleção de listas e tabelas. Deve ser verificado, revisado e atualizado pelo menos uma vez por mês. Um plano de negócios enxuto orienta a empresa em direção a seus objetivos e também rastreia e gerencia o progresso, as expectativas e a responsabilidade. A maioria dos desafios para começar um negócio está relacionado a fazer pequenas coisas da maneira certa.

Comece estabelecendo uma base sólida. O seu Plano de negócios enxuto não é algo para ser esquecido em um armário empoeirado, pelo contrário, é uma ferramenta que o ajuda a conduzir seus negócios de maneira enxuta e lucrativa. Portanto, revise-o constantemente. Para que seu empreendimento sobreviva e cresça, é necessário que tenha uma abordagem vigilante. Veja alguns elementos essenciais para o sucesso do seu plano enxuto:

a. *Gerenciamento de recursos.* A principal razão pela qual algumas empresas vão à falência é a falta de dinheiro, e não a falta de lucros. Você precisa fazer um bom planejamento de capital de giro e realmente entender as atividades do seu negócio que afetam diretamente o fluxo de caixa. Há uma série de "alavancas" que afetarão sua posição de caixa. Você precisa entender essas alavancas, veja algumas delas:

    - *Se precisa comprar matéria prima paras produção, quanto precisa ter em estoque?*
    - *Quanto capital precisa ter em mãos para operar os negócios?*
    - *Como você recebe pagamentos de clientes e quanto tempo eles levam para pagar?*
    - *Você tem empréstimos que precisa pagar?*
    - *Você depende de suprimentos que variam de preço devido às condições de mercado?*

b. *Tenha um banco de dados atualizado.* Quanto mais você rastrear e usar dados para tomar decisões de negócios, melhores serão essas decisões. Os negócios sempre exigem algumas decisões "intuitivas", mas é melhor se armar ao máximo possível com todas as informações que puder adquirir. Acompanhar os indicadores-chave de desempenho para o seu negócio e entender por que eles aumentam ou diminuem pode ajudá-lo a tomar decisões que farão seu negócio crescer e o manterão no caminho certo.

c. *Mantenha seu Plano de Negócios Enxuto.* É importante desenvolver um plano estratégico e financeiro, e rastreá-lo regularmente, ao contrário de fazer um longo documento escrito que você usa uma vez e guarda na gaveta. O plano de negócios enxuto é uma ferramenta contínua que deve ser usada para entender a visão que tem sobre o seu negócio e se essa visão está correta, ou se há necessidade de fazer ajustes e mudar suas estratégias. Há um consenso de que a falta de dinheiro é responsável pela falência de cerca de 60% das pequenas empresas na América, não a falta de lucros. Um plano de negócios enxuto, o ajuda a entender como seus negócios caminham e a manter o controle de suas finanças.

2. Aprenda a separar as finanças pessoais das comerciais. Uma vez que os impostos para você e a empresa são calculados separadamente, é necessário abrir contas pessoais separadas que são designadas apenas para transações comerciais.

3. Determine os requisitos de financiamento. Se você está começando um novo negócio, financiar as operações do negócio é a maior prioridade. Se está optando pelo investimento pessoal, investimento anjo, incubadoras de empresas[4], empréstimos

4. Business Imcubators - As incubadoras de empresas são programas especialmente concebidos para ajudar as jovens startups a inovar e crescer. https://bit.ly/3FRUWGF

bancários ou subsídios do governo; é importante se familiarizar com as vantagens e desvantagens dessas fontes de financiamento, bem como os critérios que elas usam para avaliar o negócio.

4. Contrate as pessoas certas. Se deseja que seu negócio prospere, é importante contratar pessoas treinadas e motivadas que busquem o sucesso, ao invés de ganhar dinheiro rápido. Como proprietário de uma pequena empresa, você precisa saber como reter funcionários valiosos, oferecendo-lhes vantagens como horários flexíveis, *happy hours* e atividades de construção de equipes.

5. Treine seus funcionários. Mesmo que você contrate as pessoas mais inteligentes do mundo, vai levar algum tempo para que elas entendam os meandros do seu negócio e descubram como juntar as coisas para atingir objetivos de longo prazo. É por isso que treinar bem seus funcionários é vital para uma pequena empresa. Crie um plano de treinamento que faça seus funcionários se sentirem mais competentes e capacitados em suas funções. Uma consultoria empresarial com experiência no mercado americano e em treinamento de pessoal é altamente recomendável para manter seu quadro de empregados sempre treinados e motivados.

6. Acompanhe suas finanças. Quando você inicia um novo negócio, é fácil controlar o dinheiro que entra e sai. No entanto, à medida que suas operações comerciais crescem, essa tarefa pode se tornar uma "dor de cabeça". É por isso que você deve contratar um contador interno em tempo integral, ou simplesmente investir em um software de contabilidade fácil de usar que o ajude a controlar suas finanças e economizar seu precioso dinheiro.

7. Invista em Marketing. Não é novidade que as empresas estão sempre competindo pela atenção dos consumidores, as pequenas empresas precisam forçar suas posições e estar na frente das pessoas, mostrar-lhes algo valioso e de alguma forma, fazer com que ouçam seus argumentos de vendas. Pesquise as diferentes opções de publicidade e marketing para pequenas empresas antes de escolher um modelo de marketing que funcione melhor para você e para sua empresa. Uma consultoria de marketing local é uma opção viável, principalmente por causa da experiência americana.

8. Aprenda a Delegar. A gestão do tempo é crucial para os proprietários de pequenas empresas. Parte do gerenciamento de seu tempo envolve a capacidade de contratar e treinar funcionários e delegar trabalhos a eles. Assim você terá mais tempo livre para dedicar-se às tarefas mais relevantes, as quais são essenciais para o sucesso de sua empresa.

O QUE UM GERENTE DE PEQUENA EMPRESA FAZ?

Em uma pequena empresa, os proprietários administram a empresa sozinhos ou contratam um gerente de negócios para lidar com as operações comerciais. Gerenciar uma pequena empresa envolve ter uma variedade de conhecimentos ou compreensão relacionados a tópicos de negócios. É função do gerente supervisionar as atividades da empresa e garantir que o negócio esteja no caminho certo para atingir seus objetivos financeiros. As funções específicas de um gerente de pequena empresa variam de acordo com a empresa, mas geralmente incluem:

- *Contratar, treinar e integrar funcionários.*
- *Supervisionar as atividades diárias dos funcionários.*
- *Fazer orçamentos para novas contratações, publicidade e outras iniciativas de negócios.*
- *Lidar com a produção, marketing e funções administrativas.*
- *Certificar-se do bom funcionamento das operações do dia a dia.*

- *Gerenciar o estoque da empresa e distribuidores (otimização de armazém).*
- *Definir metas e negócios (cotas e receitas).*
- *Ter estratégias para satisfazer, cativar e manter o cliente.*
- *Fornecer visão para negócios (cultura e moral da empresa).*
- *Avaliar dados da empresa (desempenho do funcionário).*
- *Projetar e implementar o orçamento da empresa.*

É importante que as metas de vendas sejam estabelecidas e que a equipe esteja instrumentalizada para produzir e alcançar os resultados desejados. O gerente da empresa precisa fazer um acompanhamento presencial dessas metas para saber se a equipe está no caminho certo para alcançá-las. É essencial que as metas financeiras sejam alcançadas de acordo com o plano de negócios, o que garantirá a sobrevivência e sucesso da empresa.

Gerenciar uma pequena empresa significa gerenciar todos os aspectos do seu negócio, ou seja, seu tempo, funcionários e outros recursos da maneira mais eficaz possível. Aprendendo maneiras inovadoras de coordenar esses aspectos, você pode tornar seu negócio mais produtivo e sua vida mais fácil. Administrar um negócio de sucesso não é uma tarefa impossível, isso é especialmente verdadeiro hoje.

Diante das constantes mudanças nas ferramentas de administração de negócios, táticas de marketing e expectativas dos funcionários, você tem muito o que a fazer. É exatamente por isso que seu estilo de gestão é tão importante. Para administrar bem uma pequena empresa, você não precisa se preocupar com a agitação do dia a dia. Vamos examinar algumas dicas de gestão de pequenas empresas para ajudá-lo a tornar-se um empresário de sucesso na América, começando com uma definição de gestão de pequenas empresas com a qual podemos trabalhar: *A gestão de pequenas empresas é o processo de supervisão e coordenação das operações diárias de uma empresa.*

Quer você seja um novo proprietário de empresa ou um gerente experiente, provavelmente terá que tomar decisões em tempo real relacionadas à contratação de pessoas, à escolha das ferramentas certas para sua campanha de marketing e muito mais, especialmente se for uma pequena empresa que ainda não possui departamentos dedicados.

POR QUE A GESTÃO É TÃO IMPORTANTE?

Claro, você obviamente tem uma mão na funcionalidade essencial do seu negócio. Mas seu estilo de gestão também tem implicações gerais na cultura da empresa, na vida de seus funcionários e na longevidade da marca. Veja alguns pontos essenciais nos quais seu estilo de gerenciamento influencia o desempenho dos negócios.

1. Os gerentes têm um impacto direto no desempenho e na produtividade dos funcionários. Dados da Gallup[5] observam que um gerente determina 70% do engajamento do funcionário. Sua abordagem de gestão está ligada à motivação e ao desempenho geral de seus funcionários, bem como à produtividade da empresa. Como gerente, é importante ficar de olho no envolvimento dos funcionários e como isso afeta a produtividade geral.

Se notar que a produtividade está baixa e alguns funcionários parecem estar com baixo desempenho, pode ser um sintoma

5. Why Great Managers Are So Rare. Os gerentes são responsáveis por pelo menos 70% da variação nas pontuações de engajamento dos funcionários nas unidades de negócios, estima a Gallup. Essa variação, por sua vez, é responsável pelo baixo nível de engajamento dos funcionários em todo o mundo. A Gallup relatou em dois estudos de grande escala em 2012 que apenas 30% dos funcionários dos EUA estão engajados no trabalho, e um número incrivelmente baixo de 13% em todo o mundo. Pior ainda, nos últimos 12 anos, esses números baixos mal mudaram, o que significa que a grande maioria dos funcionários em todo o mundo não está se desenvolvendo e contribuindo no trabalho. https://www.gallup.com/workplace/231593/why-great-managers-rare.aspx

de descompromisso, problemas de colaboração ou processos ineficientes da empresa.

2. Gerentes eficazes ajudam as empresas a conservarem seus melhores talentos. Se uma empresa espera que seus melhores funcionários permaneçam por muito tempo, precisará ter um bom gerente. Um bom gerenciamento das atividades da empresa aumenta a chance de reter talentos, mesmo que outras empresas tentem atraí-los com uma oferta de melhores salários. Gerenciar para conservar os funcionários, envolve ações estratégicas para mantê-los motivados e focados, de forma que optem por permanecerem empregados e totalmente produtivos para o benefício da organização. Um programa abrangente de retenção de funcionários pode desempenhar um papel vital tanto para atrair e reter funcionários-chave, quanto para reduzir a rotatividade e custos relacionados.

Segundo pesquisa da *Galup*, mais da metade de todos os funcionários que saíram de várias empresa dizem que seus gerentes poderiam ter feito algo para incentivá-los a ficar. A mesma pesquisa também observa que apenas 12% das empresas fazem um bom trabalho de integração de funcionários. Esses dados nos dizem que grande parte da boa gestão de um negócio envolve reter os funcionários atuais e também encorajar os novos a começarem da melhor maneira. A Gallup concluiu que grandes gerentes têm os seguintes talentos:

- *Eles motivam cada funcionário a agir e os envolvem com uma missão e visão convincentes.*
- *Eles têm a assertividade para gerar resultados e a capacidade de superar adversidades e resistências.*
- *Eles criam uma cultura de responsabilidade clara.*
- *Eles constroem relacionamentos que criam confiança, diálogo aberto e total transparência.*

- *Eles tomam decisões com base na produtividade, não na política.*

3. Bons gerentes andam de mãos dadas com fluxo de caixa positivo. De acordo com estatísticas recentes de pequenas empresas, o fluxo de caixa e a retenção de funcionários são os dois principais desafios que as empresas enfrentam hoje. E se você está administrando um negócio, terá que lidar com ambos, afinal, é de seus lucros que estamos falando.

HABILIDADES ESSENCIAIS PARA GERENCIAR

Gerenciar uma pequena empresa não é tarefa simples e exige do gerente, além de vasta experiência no ramo de negócios, algumas habilidades pessoais que são essenciais para o bom andamento e sucesso da empresa.

1. Comunicação clara e transparência. Estas são duas características que devem andar juntas, é um requisito universal, esteja você gerenciando uma empresa nos Estados Unidos, na Europa ou em qualquer lugar do mundo. O gerente precisa estar disponível para os funcionários e, ao mesmo tempo, ser honesto e explícito sobre suas expectativas. Independentemente do seu estilo de gestão, boas relações comerciais são construídas por ser pessoal e fomentar a confiança entre você e sua equipe.

2. Atenção aos detalhes. O gerente deve ser capaz de lidar com os números da empresa, conhecer e se aprofundar nos dados para tomar decisões. Como anda o quadro de funcionários? Precisa de novas contratações? Quais os resultados financeiros do último trimestre? Se os lucros caíram, o que fazer? Como está o atendimento ao cliente? Qual é a sua estratégia para lidar com grandes volumes de chamadas recebidas? A capacidade de aprimorar esses detalhes facilita muito quando você precisa tomar decisões importantes posteriormente.

3. Organização. Fazer malabarismos com tantas tarefas significa que o gerente precisa saber como gerenciar, priorizar e delegar o que precisa ser feito. Isso também exige que cumpra um cronograma, ao mesmo tempo que trabalha de maneira eficaz em equipe e respeita os cronogramas de outras pessoas. Regras de gerenciamento de tempo são essenciais para o sucesso da empresa.

4. Motivação e liderança. Desde responder a perguntas até fazer perguntas, você está essencialmente sempre "ligado". Quando você está gerenciando uma empresa, deve motivar os funcionários além de si mesmo, garantindo que o moral permaneça alto e que todos sejam capazes de fazer seu trabalho com o melhor de suas habilidades.

5. Tomada de decisão. O gerente é responsável por fazer escolhas difíceis, que vão desde a decisão de realizar grandes investimentos financeiros até a dispensa de funcionários. Essas escolhas não devem ser tomadas levianamente, mas muitas vezes o gerente não tem muito tempo para se deter em grandes decisões. A gestão de pequenas empresas requer confiança para tomar decisões relevantes e acertá-las na primeira vez. No final do dia, o gerente tem que fazer o que é melhor para a empresa.

O SUCESSO DA EMPRESA NAS OPERAÇÕES DIÁRIAS

Construir uma pequena empresa de sucesso é muito mais do que ter apenas uma boa ideia para um produto ou serviço. É necessário que tenha um excelente atendimento ao cliente, uma estratégia eficaz de vendas e marketing; e um foco incansável em fazer o máximo possível para estabelecer um padrão consistentemente elevado de produtos e serviços. Não é uma tarefa simples, pois exige uma predisposição para o sucesso e um forte senso de organização, embora seja relativamente fácil ter certeza de que você está administrando uma empresa bem estruturada e eficaz. O segredo está em seguir um conjunto de práticas recomendadas que funcionem para a empresa, sua equipe e como você gostaria de operar.

Cada negócio é diferente, é claro, mas há um conjunto geral de melhores práticas para uma pequena empresa, que pode ser usado como uma lista de verificação para acompanhar o progresso e se suas bases estão cobertas. Esse padrão pode também ser usado como uma plataforma de lançamento e ser adaptado às necessidades de sua empresa, se desejar um conjunto de diretrizes mais personalizado.

Neste tópico veremos as práticas mais recomendadas para proprietários de pequenas empresas: coisas específicas e acionáveis que você pode fazer em praticamente todas as áreas (vendas, atendimento ao cliente, marketing, finanças e muito mais) para garantir que não haja lacunas gritantes, por exemplo, em seu atendimento ao cliente ou estratégia de mídia social.

RECOMENDAÇÕES PRÁTICAS DE VENDAS PARA PEQUENAS EMPRESAS

1. Certifique-se de que está usando as ferramentas certas. A razão pela qual as equipes de vendas mais bem-sucedidas são tão boas não é porque tenham necessariamente os melhores vendedores ou os melhores argumentadores, embora possamos afirmar que ajude bastante. Se deseja alcançar um grande número de clientes em potencial em um curto espaço de tempo, lembre-se de um momento em que exatamente um cliente em potencial estava interessado na última vez em que entrou em contato com sua equipe e, em última análise, se a venda foi feita de forma eficaz.

Para isso você precisa de um acompanhamento detalhado de cada interação de sua equipe com potenciais clientes. Quer se trate de uma ferramenta de CRM (gestão de relacionamento com o cliente) para acompanhar suas conversas e interações com clientes em potencial ou alguma outra ferramenta de capacitação de vendas, o melhor amigo de um vendedor não é mais apenas um grande *Rolodex*. Por exemplo, se você faz muita prospecção ativa, pode achar útil usar um software de chamada não solicitada ou uma ferramenta de centro de contato ativa que registre todos os seus *scripts* de *cold calls* (roteiro de chamada fria de vendas) e mantém o controle de todas as suas campanhas.

2. Conheça os pontos fracos do seu produto. Nenhum produto é perfeito. Mesmo as maiores e mais bem-sucedidas marcas do mundo têm seus pontos fracos. Quer seja o preço final ao consumidor ou preocupações ecológicas, se cavar o suficiente, entenderá que todo produto ou serviço tem uma fraqueza. Um dos maiores segredos para fechar negócios com sucesso é ser bom no tratamento de objeções.

O que seus clientes em potencial sempre perguntam quando estão pensando em comprar seu produto ou serviço? É o preço? É a confiabilidade ou o atendimento ao cliente? Você deve saber exatamente o que o torna incrível, com certeza, mas também deve saber onde falha e como ajudar um cliente em potencial a superar essa barreira.

3. Conheça seus tomadores de decisão. Se você é uma empresa que vende para consumidores, deve conhecer os hábitos de consumo de seu público-alvo, que tipo de pessoa é seu melhor cliente (dados psicográficos e demográficos são duas formas populares de olhar para um cliente-alvo) e assim por diante. Se você tem uma empresa B2B[6] que vende para outras empresas, deve saber que tipo de empresa é seu melhor cliente. Isso inclui o tamanho dessas empresas, em que setor ou setores estão e quantas partes interessadas e tomadores de decisão eles normalmente têm.

6. Business-to-business (B2B), também chamado de B-to-B, é uma forma de transação entre empresas, como uma que envolve um fabricante e um atacadista ou um atacadista e um varejista. Business-to-business refere-se a um negócio conduzido entre empresas, e não entre uma empresa e um consumidor individual. As transações entre empresas estão em contraste com as transações entre empresas e consumidores (B2C) e entre empresas e governos (B2G).

Conhecer o tomador de decisões é a chave. Eles são, literalmente, aqueles que farão ou quebrarão o seu negócio. Se você tem como alvo empresas relativamente pequenas com estruturas organizacionais simples, é provável que tenha apenas um tomador de decisões com quem lidar. De qualquer forma, sempre esteja ciente de outros influenciadores ou partes interessadas que podem ser capazes de influenciar a opinião do tomador de decisão. Por exemplo, seu principal tomador de decisões pode ser um CFO[7], mas a equipe de contabilidade pode ser aquela que realmente usará o produto que você está vendendo, o que significa que você deve estar pronto para vender para eles também, porque é provável que eles trarão recomendações ao CFO no momento de decidir pela compra de um determinado produto ou serviço.

4. Tenha um manual. Você e sua equipe precisam conhecer os fundamentos do processo de vendas e tê-lo facilmente acessível em um manual ou guia formalizado e sistematizado. Em muitos casos, novos funcionários podem invalidar todo esforço para aquisição de clientes se não souber como lidar com chamadas telefônicas. Estabelecer um padrão de atendimento e registrar em um manual interno, pode evitar que casos assim aconteçam; e pode também servir como uma base de treinamento para novos funcionários.

Veja alguns exemplos do que você pode incluir em um manual de vendas:

- *Quais são os pontos fortes do seu produto?*
- *Quais são seus pontos fracos? (Tratamento de objeções!)*

7. O termo diretor financeiro (Chief Financial Officer - CFO) se refere a um executivo sênior responsável por gerenciar as ações financeiras de uma empresa. As funções do CFO incluem rastrear o fluxo de caixa e o planejamento financeiro, bem como analisar os pontos fortes e fracos financeiros da empresa e propor ações corretivas. A função de um CFO é semelhante à de um tesoureiro ou controlador porque eles são responsáveis por gerenciar as divisões de finanças e contabilidade e por garantir que os relatórios financeiros da empresa sejam precisos e concluídos em tempo hábil.

- *Como você deve demonstrar seu produto?*
- *Que margem de manobra você tem em termos de descontos ou bônus para oferecer a um cliente potencial e fechar um grande negócio?*
- *Como você compartilha o conhecimento da equipe para que todos possam acessar facilmente as informações sobre os clientes em potencial e o que os clientes anteriores amam?*
- *Como atender a uma chamada de um prospecto e para onde direcioná-la corretamente.*

RECOMENDAÇÕES PRÁTICAS DE ATENDIMENTO AO CLIENTE

1. Seja proativo. Não caia na armadilha de apenas responder aos clientes quando eles entrarem em contato com uma pergunta ou reclamação. Embora pareça que torna as coisas mais fáceis e menos demoradas, não é bom a longo prazo. Por exemplo, se você sabe que tem um período de manutenção de serviço se aproximando, ou que seu restaurante vai fazer uma pausa de uma semana em breve, você acha que seus clientes preferem saber disso com antecedência ou no dia anterior? Isso ajuda a reduzir o número de mensagens e ligações que receberá mais tarde de clientes que não sabem o que está acontecendo e cria uma melhor experiência do cliente em geral.

2. Responda aos clientes rapidamente. Ser proativo é uma coisa. Ao receber uma ligação ou e-mail de seus clientes, você também deverá ser capaz de reagir rapidamente. De acordo com o *Customer Communications Review da RingCentral*[8], 53% dos entrevistados em geral esperam uma resposta a uma mensagem de voz que deixaram numa empresa no mesmo dia, enquanto 98% dos entrevistados em geral esperam uma resposta dentro de dois a três dias.

8. https://www.ringcentral.com

3. Use as ferramentas certas. Se você não recebe muitas mensagens ou chamadas de seus clientes, talvez ter apenas um serviço de telefone básico e uma conta de e-mail possa ser bom o suficiente. Mas, se você perceber que não tem tempo suficiente para responder a todas as mensagens de mídia social, e-mail e chamadas em um dia, provavelmente seja a hora de olhar para o software de atendimento ao cliente. Seus clientes podem ligar e enviar e-mails, mas as mensagens nas redes sociais estão se tornando um canal cada vez mais popular para os clientes pedirem ajuda às empresas.

O mais complicado sobre a mídia social é que essas mensagens existem em um espaço público, e estão visíveis para todas as pessoas, inclusive seus potenciais clientes e investidores. Enquanto um cliente pode ficar irritado com você por não responder ao e-mail com rapidez suficiente, todos on-line podem observar quanto tempo exatamente você leva para responder uma mensagem enviada pelo *Tweeter* ou ao comentário de alguém no *Instagram e no Facebook.*

Então, como você pode ter certeza de que está recebendo todas as mensagens em todas as plataformas sem perder nada? Se você estiver ativo em várias plataformas de mídia social, isso é especialmente difícil porque há muitas guias e janelas para controlar. É exatamente nessa hora que será útil ter algum tipo de ferramenta de *contact center*. Por exemplo, *RingCentral Engage Digital*™ é uma plataforma que consolida todos os seus canais de mídia social para que você possa ver e responder a todas as suas mensagens, e-mails e muito mais em um só lugar. Existem

DICA

Não espere para responder aos seus clientes. A melhor prática e atender a todas as chamadas de clientes, evitando o máximo de deixá-las ir para o correio de voz.

outras ferramentas semelhantes. Faça um levantamento e veja qual delas melhor atende às necessidades de sua empresa.

4. Saiba quando dizer não. Nem todos os clientes são adequados para a sua empresa. Instintivamente, a maioria dos proprietários de empresas não quer irritar seus clientes. Mas se tentar agradar a cada um, não importa o quão difícil seja, você pode estar prestando um péssimo serviço ao seu negócio e equipe. Existe o cliente que desperdiça seu tempo dando pouco valor ao seu produto ou serviço.

Isso é especialmente importante em negócios baseados em serviços como contabilidade ou imóveis, nos quais um cliente inconstante ou exigente pode ocupar grande parte de seu tempo e recursos. Nem todo relacionamento com o cliente valerá a pena. Assim como seus clientes estão sempre avaliando seu negócio, é importante examiná-los regularmente para ter certeza de que o relacionamento está funcionando para você.

RECOMENDAÇÕES DE PRÁTICAS FINANCEIRAS

1. Obtenha o preço certo. Ter um ótimo produto é apenas uma pequena parte da gestão de um negócio de sucesso. Como você define o preço desse produto é indiscutivelmente tão (se não mais) importante. Preços muito baixos ou muito altos podem levá-lo à falência. Uma estratégia de preços bem pensada e bem pesquisada fará com que os clientes continuem chegando, ao mesmo tempo em que permite que você tenha um lucro considerável.

2. Fique por dentro do seu fluxo de caixa. A má gestão do fluxo de caixa é um dos motivos mais comuns para o fracasso de novos negócios. Se você deseja ter sucesso e permanecer no negócio, deve ser capaz de pagar a si mesmo, aos seus fornecedores e aos seus funcionários. Esteja sempre ciente de quanto tempo leva para gerar uma venda e também receber o pagamento.

3. Defina um cronograma. É fácil cair na armadilha de trabalhar 24 horas por dia, especialmente se você tiver um negócio baseado em casa. O tempo é seu recurso mais valioso. Se você não é bom em cumprir uma programação, encontre uma ferramenta de trabalho remota que possa ajudá-lo a fazer isso. Existe vida além do seu negócio e se não houver equilíbrio, o esgotamento é uma grande possibilidade. Se você deseja sucesso sustentável a longo prazo, precisa desenvolver uma agenda de trabalho e encontrar tempo para as outras partes importantes de sua vida. Como família e amigos.

RECOMENDAÇÕES DE PRÁTICAS ADMINISTRATIVAS

1. Familiarize-se com as práticas recomendadas de contratação de funcionários. Familiarize-se com as diferentes plataformas de contratação on-line. Com a contratação remota tornando-se mais fácil do que nunca, é uma boa ideia pelo menos pensar nisso como um método de captação de talentos para sua empresa. Sim, as referências são ótimas, especialmente se você já tem uma ampla rede de pessoas em cujas recomendações confia.

Mas com o *LinkedIn*, outras plataformas de mídia social e quadros de empregos on-line à sua disposição, por que se limitar apenas à sua área local e aos colegas? Aqui estão algumas opções para olhar além de seus colegas imediatos, ex-colegas, amigos e familiares:

- *Plataformas de mídia social como LinkedIn, Twitter e Facebook.*
- *Sites de anúncios de empregos como Monster.com, Indeed.com entre outros.*
- *Recrutadores e agências (geralmente mais úteis se você estiver contratando para uma posição mais sênior ou especializada).*

2. Tenha um plano de integração. Após a contratação dos funcionários para ocuparem as posições-chaves de sua empresa, é importante que crie um sistema de integração e formação de equipe, pois há muito o que fazer, como compartilhar conhecimento, fazer apresentações e coisas administrativas que essa nova equipe precisará aprender rapidamente. Como prática recomendada, tenha um plano enxuto, mesmo que seja apenas uma lista de verificação de coisas para eles fazerem durante a primeira semana. Dessa forma, você pode ter certeza de não esquecer nada importante.

3. Use as ferramentas digitais certas. Se você está seguindo uma determinada prática recomendada de TI para pequenas empresas, isso pode tornar a integração bem mais fácil. A prática recomendada em questão: *certifique-se de usar apenas as ferramentas necessárias.* Procure por uma ferramenta que integre chamadas, videoconferências e envio de mensagens para sua equipe em tempo real. Além de pagar por menos assinaturas todos os meses, isso também significa menos ferramentas para você e sua equipe aprenderem e se familiarizarem.

4. Siga as práticas recomendadas de segurança on-line. Se você se comunica com clientes potenciais on-line, ou armazena seus dados ou conversas digitalmente, isso pode representar um grande problema. Você poderá ser a próxima pessoa a virar notícia, caso os dados dos seus clientes sejam expostos ou roubados. Portanto, para que isso não aconteça, aqui estão três práticas simples de segurança, recomendadas para pequenas empresas e que não podem ser ignoradas:

a. *Mantenha seu software atualizado.* É uma das coisas mais fáceis que você pode fazer para proteger sua empresa contra ataques cibernéticos. Os programas ou aplicativos possuem gatilhos de atualização automáticas, que precisam ser ativados, ou apenas lembretes de atualizações. É essencial que tenha sempre a última versão do sistema operacional de seus computadores e dos aplicativos. É recomendável que se familiarize com os recursos de segurança e *patches* destacados nessas atualizações e permita-os se fizerem sentido.

b. *Use a autenticação de dois fatores.* Não precisa dizer muito sobre segurança. Esta é uma prática geral de segurança on-line recomendada e é ainda mais importante quando você e sua equipe têm várias ferramentas para fazer login. É recomendável que utilize um aplicativo de segurança para organizar e guardar as senhas.

c. *Treine sua equipe sobre segurança com regularidade.* Nem todo mundo é versado em segurança on-line, portanto, certifique-se de que toda a equipe esteja atualizada sobre o que é necessário fazer, no mínimo. Uma vez por ano (ou trimestralmente, se você lida com muitos dados de clientes on-line ou acha que sua equipe precisa se atualizar mais regularmente), faça uma sessão de treinamento de segurança para atualizar a todos sobre como manter as informações da sua empresa seguras.

RECOMENDAÇÕES PRÁTICAS DE MARKETING

1. Entenda seu mercado. Ter uma noção para quem você está vendendo é absolutamente essencial. É imprescindível que essa pesquisa seja realizada antes de você lançar um negócio - e deve continuar à medida que seu negócio cresce e as necessidades de seus clientes evoluem.

2. Siga as práticas recomendadas de publicidade para pequenas empresas. Defina metas realistas e mensuráveis para suas campanhas publicitárias. Caso você queira publicar anúncios no Google, no Facebook ou em um jornal local; o ideal é que você saiba algumas coisas:

a. *O que você está medindo.* Você está procurando novos clientes? Inscrições para sua lista de boletins informativos por e-mail? Visitas ao seu site?
b. *Qual é a melhor utilização da plataforma.* Algumas empresas podem ter um público superativo no *Facebook.* Outras no espaço de vendas B2B podem ter mais sucesso no *LinkedIn.*
c. *Como você está acompanhando após a campanha publicitária.* Digamos que você esteja executando uma campanha publicitária no *Instagram* para obter mais seguidores. O que você vai fazer com todos os seus novos seguidores que agora conhecem sua marca, mas ainda não estão necessariamente comprando?

DICA

Sempre tenha um plano para fazer o acompanhamento após o término de sua campanha publicitária. Se você está indo direto para a venda ou precisa continuar a nutrir seus clientes em potencial, precisará saber exatamente como vai continuar a se comunicar com eles depois.

RECOMENDAÇÕES PRÁTICAS PARA SITES DE PEQUENAS EMPRESAS

Você não é obrigado a ter um website para sua empresa, mas é muito mais difícil ter sucesso se não o tiver. Independente de que tipo de produto esteja vendendo, o site quase sempre será o primeiro lugar que alguém irá acessar para saber mais sobre sua empresa e serviços. Portanto, como ponto de partida, certifique-se de que seu site tenha:

a. *Informações nítidas dos serviços ou produtos que oferece.*

b. *Suas informações de contato - em um local fácil de encontrar (como a página inicial).*

c. *Um design fácil de navegar e interagir como formulários de contatos.*

d. *Testemunhos e comentários, se os tiver.*

e. *Links para suas mídias sociais.*

f. *Política de privacidade e termos e condições de uso.*

Se você gerencia uma pequena empresa em um setor onde há uma oportunidade de lançar uma tonelada de conteúdo educacional, então você definitivamente deve investir em SEO. Ter páginas devidamente marcadas e uma boa estratégia de segmentação por palavras-chave é uma das melhores e mais sustentáveis maneiras de abrir as portas para novos negócios. Um negócio de sucesso deve ser bem administrado em uma infinidade de áreas diferentes. Desde ser capaz de vender seu produto ou serviço de forma eficaz até ter operações cotidianas tranquilas, você e sua equipe provavelmente terão que assumir várias funções. Para tornar sua vida mais fácil, tenha um conjunto de melhores práticas de operações de negócios que você pode usar coletivamente como guia essencial para sua organização. Isso manterá todos na mesma página e alinhados sobre como você comercializa, vende, atende e muito mais.

DICA

Embora isso não signifique algo sem o qual sua empresa não possa existir, ter um site otimizado para motores de busca pode fazer maravilhas para ajudar seu público alvo encontrá-lo nos sites de busca, como Google, Yahoo, Bing etc.

ÉTICA COMPORTAMENTAL E LOCAL DE TRABALHO

A melhor maneira de trabalhar com sucesso com parceiros de negócios americanos é aprender a pensar como eles. Isso significa compreender e aceitar seus valores e aderir ao planejamento de todas as coisas. Compreender uma cultura de negócios requer uma compreensão de seus valores.

Os americanos no mundo dos negócios são um grupo específico e direto, construtivo ao tentar compreender aquilo que os move. Fiel à constituição nacional, três coisas são consideradas preciosas na busca pelo todo-poderoso negócio: vida, liberdade e busca pela felicidade. O que é surpreendente é a constância dos valores empresariais nos EUA hoje (estáveis nas últimas décadas) que tão rapidamente se solidificou e se integrou aos valores e culturas nacionais trazidos com as ondas de imigrantes iniciando suas novas vidas. Esses valores são:

1. Competitividade. Existe entre os americanos um consenso popular de que a concorrência aumenta o risco, e que a vitória traz doces recompensas. Algo como competir com um adversário melhor e vencê-lo, o que o eleva para o mesmo nível.

A linguagem dos negócios toma emprestado dos esportes termos que definem o sistema empresarial dos americanos: *slam-duck* (do basquete: uma enterrada o que significa acertar em cheio, uma grande sacada), *home-run* (*baseball* – uma rebatida no beisebol que permite ao batedor fazer um circuito completo das bases e marcar uma volta (*run*) que vale quatro pontos, significa um sucesso incrível em uma negociação); *out in left field* (ideias muito estranhas ou incomuns, inesperadas, ou ilógicas, o que significa que alguém está fora do consenso).

O amor pelas classificações também é um indicador do nosso amor pela competição, por exemplo: ser listado na *Fortune 100*; as 100 melhores empresas para trabalhar na América; os melhores chefes; as melhores escolas de negócios etc.

2. Win/win (Vencer/vencer). Essa é uma das abordagens melhores e mais produtivas para a maioria das oportunidades de negócios, uma vez que funciona na base de que ambas as partes de um negócio saem vitoriosas. As regras do jogo de negócios dos Estados Unidos são diretas: ganhe o máximo de dinheiro que puder, o mais rápido que puder.

Essa abordagem da teoria dos jogos talvez venha da economia da abundância, e não da escassez e invasões, tão conhecidas na Ásia e na Europa. Isso fica evidente na linguagem das negociações comerciais com frases como: "Como podemos ambos fazer isso funcionar?" e "Estamos entusiasmados em trabalhar com você nisso". No entanto, a desvantagem dessa abordagem é a suposição, pelos americanos no mundo dos negócios, de que o dinheiro é o motivador universal e a linguagem dos negócios.

Uma apreciação de que, na maioria das culturas de negócios com as quais os americanos trabalham, a vitória é medida de maneiras mais arredondadas (como inclusão social, acesso a informações exclusivas). Trabalhar nos Estados Unidos pode ser tanto emocionante quanto assustador. A economia dos EUA oferece grandes oportunidades, com salários relativamente altos e baixo custo de vida.

A ênfase americana na eficiência e meritocracia levou a inovação a patamares empolgantes e parece totalmente libertadora para aqueles acostumados a hierarquias rígidas. Mesmo assim, imigrantes que trabalham nos Estados Unidos se veem navegando em uma cultura de trabalho que pode ser cheia de contradições.

A atmosfera casual de muitos escritórios dos EUA desmente o fato de que os americanos trabalham mais do que a maioria das nações industrializadas. Isso significa mais horas, menos feriados e a sensação de que você está sempre "disponível". Os americanos que falam em reuniões com franqueza quase surpreendente vão achar estranho se você der uma resposta honesta à pergunta mais frequente no contato diário: *How are you?* (Como vai você?) É importante saber como navegar na etiqueta e na cultura empresarial americana, e conhecer suas aparentes contradições e regras não escritas.

3. Cultura do local de trabalho. A cultura de negócios dos EUA é normalmente menos formal e menos hierárquica do que a de outros países, refletindo a crença americana na igualdade. Os funcionários geralmente se dirigem uns aos outros pelo primeiro nome, têm maior acesso aos superiores e exibem uma abordagem descontraída para se vestir e se comunicar. Certos campos valorizam a formalidade mais do que outros.

Os profissionais de finanças, contabilidade ou vendas se vestem e falam de maneira mais formal do que os acadêmicos, a mídia ou a tecnologia. A região também pode desempenhar um papel nas normas do local de trabalho: de modo geral, os residentes da Costa Leste, como os de Nova York, Boston e Filadélfia, são conhecidos por registrar mais horas e uma mentalidade *work hard, play hard* (trabalhe duro, jogue duro), enquanto os da Costa Oeste ou cidades do sul como São Francisco e Atlanta valorizam o equilíbrio entre vida pessoal e profissional, ou uma abordagem "trabalhar para viver".

É comum errar no lado da formalidade até adquirir uma noção da cultura de seu escritório. Os americanos valorizam a transparência, a comunicação direta, a eficiência, o otimismo e uma atitude de *I can do it!* (Posso fazer isso), ou seja, de que não se deixa intimidar por desafios ou tarefas difíceis.

4. Saudações. Ao encontrar um colega ou cliente, é educado se levantar e oferecer um aperto de mão breve e firme com contato visual e um sorriso. Isso é universalmente apropriado, independentemente da idade, sexo ou antiguidade de alguém. Os funcionários costumam se referir aos superiores pelo primeiro nome, em vez do sobrenome. Quando tiver dúvidas, você pode perguntar como seu superior prefere ser tratado ou errar por excesso de formalidade. Além disso, o comum *How are you?* é uma saudação padrão que costuma confundir os imigrantes.

Os americanos valorizam o *putting on a happy face*, (fazer uma cara feliz) e quase sempre responderão de maneira otimista, independentemente de sentirem isso ou não. *Fine thanks, how are you?* (Bem, obrigado, como você está?) é uma resposta apropriada, e não significa que está realmente bem ou querendo saber se você está mesmo bem. É uma questão de cortesia.

5. Linguagem corporal. Os americanos gostam de colegas acessíveis e amigáveis, e tendem a sorrir mais do que outras culturas. Mas, como uma *non-contact culture* (cultura sem contato físico), os americanos também preferem ter uma *bubble* (bolha) de espaço pessoal. Esteja atento para não ficar muito perto ao falar e minimize o contato físico. O toque raramente é feito fora de um aperto de mão, e gestos como abraçar são geralmente considerados inadequados no local de trabalho.

6. Jornada de trabalho. Os americanos trabalham mais horas e tiram menos férias do que a maioria das outras nações industrializadas. Um estudo de 2016[9] mostra que os americanos trabalham cerca de 20% mais horas do que os europeus (o equivalente a um dia adicional por semana) e tiram menos dias de folga por ano. A semana de trabalho padrão é de segunda a sexta-feira, das 9h00 às 17h00, mas esteja preparado para ser flexível com o seu horário.

Ao contrário de muitas nações, os EUA não têm leis que limitam o número de horas trabalhadas por semana, e muitos funcionários assalariados devem trabalhar mais horas ou estar disponíveis para reuniões após o expediente. Como os EUA

9. Hours Worked in US and Europe. https://ftp.iza.org/dp10179.pdf

estabelecem leis trabalhistas em nível nacional e estadual, pode haver diferenças críticas entre trabalhar, por exemplo no estado da Flórida e Nova Iorque. Pesquise os regulamentos sobre questões como horas de trabalho, horas extras, pagamento de férias, segurança no local de trabalho e emprego *at-will* (à vontade), tanto no Departamento de Trabalho[10] dos EUA quanto no Departamento de Trabalho de seu estado[11].

7. ***Comunicação.*** O estilo de comunicação dos americanos é descomplicado e direto ao ponto. Isso pode parecer rude para alguns, mas os americanos consideram as pessoas simples, confiáveis e eficientes. Dito isso, as críticas diretas não serão bem recebidas. O desacordo é melhor apresentado em termos não confrontadores, *I see your point, however...* (Entendo o que você quer dizer, mas...). Busque uma abordagem *win-win* (vencer-vencer, onde todos ganham) ao discordar dos colegas. Conversas fúteis sobre renda, idade, política e religião são geralmente consideradas tabu nos locais de trabalho americanos. É melhor não perguntar aos colegas sobre esses tópicos ou expressar uma opinião contundente. Em vez disso, escolha tópicos neutros como *hobbies*, entretenimento, esportes ou outras atividades de lazer.

8. Reuniões. As reuniões duram normalmente de 30 a 60 minutos, com uma agenda clara. A pontualidade é importante - o chefe pode chegar atrasado, mas espera-se que os subordinados sejam pontuais. Espera-se que os participantes ouçam e participem ativamente. Ficar quieto ou usar laptops ou telefones pode ser considerado desinteresse. Ao atender clientes, os cartões de visita podem ser trocados. Isso é feito com pouca formalidade, por exemplo, os americanos guardam cartões de visita sem cerimônia para referência futura. Isso não é considerado um sinal de desrespeito.

10. U.S. Department of Labor. https://www.dol.gov/general/topic/workhours
11. State of Florida. https://www.stateofflorida.com/employment/

9. Entrevistas de Trabalho. Para entrevistas pessoais, espera-se que você leve um currículo impresso, mesmo que eles tenham o seu em arquivo. Leve várias cópias no caso de uma entrevista por equipe. Saiba quando falar de salário: Ao iniciar o processo de entrevista, é comum perguntar sobre a faixa salarial. No entanto, as negociações salariais não devem começar até mais tarde no processo de entrevista, de preferência após uma oferta ter sido feita. Também é educado enviar uma nota de agradecimento ao seu entrevistador, seja ela escrita à mão ou por e-mail.

10. Refeições e gorjetas. O anfitrião ou o funcionário mais experiente geralmente paga por uma refeição de negócios, mas esteja preparado para pagar do seu jeito, caso seja necessário. Nos almoços da equipe, os funcionários juniores geralmente evitam pedir bebidas alcoólicas, a menos que seus superiores os convidem a fazê-lo. Dar gorjetas aos garçons é esperada; deixe uma gorjeta de 18-25% da sua conta por um bom atendimento.

11. Trajes. Nos Estados Unidos, o ambiente de trabalho é profissional e causal também. Os códigos de vestimenta variam, e poucos campos ainda exigem trajes formais, como terno e gravata. Sua cultura corporativa, campo, nível de antiguidade e até mesmo o clima da sua cidade afetarão as normas de vestimenta no local de trabalho. Não se surpreenda se vir pessoas levando seus animais de estimação para o trabalho! A cultura de trabalho e o código de vestimenta nos EUA são diferentes. As pessoas preferem vestir-se casualmente (a menos que a política da empresa determine o contrário).

Os horários de trabalho são flexíveis e, em geral, o ambiente de trabalho é informal. Se você se mudou recentemente para os EUA, verá que as dicas a seguir são úteis. Vestir-se para o trabalho pode ser complicado, esteja você no escritório ou trabalhando remotamente. Use este guia para familiarizar-se com o código de vestimenta do escritório e construir um guarda-roupa pronto para o trabalho. Cada escritório tem diferentes códigos de vestimenta e cultura, e mesmo que você saiba qual código de vestimenta seu escritório usa, ainda pode ser um desafio descobrir o que vestir.

A boa notícia é que montar um guarda-roupa de trabalho não precisa ser complicado ou caro. Compilamos tudo o que você precisa saber sobre como se vestir para o trabalho, junto com algumas dicas e truques para se sentir profissional e confortável no escritório.

a. *Faça sua pesquisa.* Todos querem causar uma boa primeira impressão, e tudo começa com a forma como você se apresenta no primeiro dia. Saber o que vestir para um novo escritório pode ser um desafio, mas existem algumas etapas que você pode seguir que vão ajudar.

b. *Pergunte.* Uma dica é enviar um e-mail rápido para seu supervisor perguntando qual é a política de código de vestimenta da empresa e o que as pessoas geralmente usam para trabalhar. Só pedir o código de vestimenta nem sempre conta toda a história, então não há nada de estranho ou impróprio em perguntar também, o que as pessoas costumam vestir.

c. *Pesquise na página ou nas mídias sociais da empresa.* Na página "sobre nós" por exemplo, você pode conhecer a filosofia e o histórico da empresa, e nas mídias sociais muito da cultura está exposta nas fotografias de eventos, comemorações, reuniões postadas, onde pode aprender um pouco da cultura empresarial.

d. *Observe seu ambiente de trabalho.* Outra maneira prática é prestar atenção quando estiver no escritório, olhe ao redor e veja o que todos os seus colegas estão vestindo. A maioria das empresas americanas espera que seus funcionários mantenham um código de vestimenta homogêneo. Uma descrição detalhada do tipo de vestido esperado será esclarecida quando você começar a trabalhar. Se você estiver em uma visita de negócios (uma reunião ou finalizando um negócio), um terno é o traje mais adequado. Uma camisa de colarinho de cor clara, uma gravata combinando e sapatos formais de couro parecem elegantes. Os ternos de cor escura parecem apresentáveis e são a norma na maioria das conferências.

No nível corporativo alguns escritórios ou locais de negócios exigem ternos para os homens e vestidos e meias para as mulheres. Se o seu local de trabalho seguir este código de vestimenta, jeans de qualquer tipo não seria apropriado. Já as empresas de tecnologia da informação têm um código de vestimenta muito casual.

Jeans, camisetas, calças cáqui e camisas de algodão são aceitáveis mesmo nos dias de semana. Em outras indústrias, sexta-feira é um dia para se vestir bem à vontade, e até bermudas e shorts são permitidos. As meias devem ser sempre usadas no local de trabalho.

Embora suas roupas não precisem ser caras ou cortadas na moda, elas devem ser limpas e bem passadas. O cuidado é muito importante. Cuide do cabelo, dos dentes e da higiene pessoal. Leve com você desodorante e desodorizante bucal; você descobrirá que algumas pessoas até escovam os dentes no escritório depois do almoço.

Use cintos que combinem com suas roupas. Tente usar sapatos e cintos bonitos, e também camisas de boa qualidade. Use um par de meias novas e sapatos limpos. Se você levar o almoço para o escritório, consiga uma boa lancheira. Leve uma boa bolsa de escritório para o seu local de trabalho. Uma boa bolsa de couro ou de laptop é mais conveniente. Cuide bem de suas roupas lavando a seco, e passando roupas regularmente.

As mulheres também devem manter um código de vestimenta. Se o código de vestimenta for casual, você terá uma vasta escolha. Em empresas de TI, as mulheres usam jeans, calças casuais, camisas, camisetas, blusas, saias, calças, vestidos, shorts, conjuntos de suéteres e blazers. Tente não usar roupas sensuais no local de trabalho, você vai se sentir deslocado. Você pode completar o look com uma bolsa e joias modestas.

Calçados esportivos conservadores para corrida ou caminhada, tênis, botas, sapatilhas e sapatos de couro são adequados para o trabalho. As mulheres são desencorajadas a usar sapatos chamativos ou sapatos abertos no escritório. Em algumas indústrias, é obrigatório usar sapatos fechados e de salto alto. Alguns locais de negócios exigem que as mulheres usem ternos, jaquetas ou calças. Os ternos de negócios podem ser usados com uma blusa combinando ou contrastando. Nas saias curtas, deve-se usar meia por baixo, juntamente com sapatos de salto alto.

Normalmente as mulheres devem usar sapatos fechados de salto alto. Use joias limitadas. Evite joias chamativas e grossas. Escolha uma bolsa que combine com suas roupas. Tons de preto e marrom complementam quase todas as cores. O cabelo deve ser estilizado, cortado, lavado e condicionado. Preste atenção às suas mãos e unhas. Remova o esmalte descascado ou lascado.

A maquiagem deve ser mínima. Use um perfume suave. Os desodorantes são obrigatórios, pois ajudam a manter o odor corporal sob controle. Escolha bem suas roupas, não exagere na formalidade, mas não se vista como indo a um baile. Há uma separação entre local de trabalho e vida pessoal. Siga o código de vestimenta predominante no seu local de trabalho.

O SONHO AMERICANO E A CASA PRÓPRIA 4

A sabedoria comum tem apontado para a compra de um imóvel como um investimento, mas para muitos na última década, essa compra acabou traduzindo-se em um fiasco financeiro. Apesar disso, pode-se considerar ainda um bom investimento. Mas seja prudente, pois não é como um passeio no parque. Existem muitos aspectos que devem ser conhecidos na hora de negociar.

Conhecer os elementos que compõem este investimento é de suprema importância. Desde os mais simples e óbvios detalhes até os mais complexos, devem ser conhecidos e avaliados ao decidir que propriedade comprar, qual o valor máximo que deve pagar, e mais importante ainda, onde comprar. Não é novidade, mas vale a pena lembrar que as três regras de ouro para a compra de um imóvel são: localização, localização e localização.

A pergunta que tem surgido na cabeça da maioria dos compradores é: comprar ou alugar? Quais as vantagens de ser um *"homeowner"* (proprietário) em relação a apenas alugar? Antes de cavar mais fundo no assunto, deixe-me ressaltar algumas informações importantes que o ajudarão a decidir se comprar é um bom negócio. Para muitos tem sido o negócio de suas vidas, tanto pela aquisição do primeiro imóvel, onde pretendem morar, quanto para os que compraram como investimento.

PREÇOS IMOBILIÁRIOS, BOLHAS E A REALIDADE

Desde o revés imobiliário que começou em 2007, os dados históricos dos preços dos imóveis, de acordo com a NAR - *National Association of Realtors*, apoiariam a crença de que os preços iriam aumentar sem parar. De acordo com os dados disponíveis no NAR, os preços médios dos imóveis de 1968 a 2004 tiveram um crescimento constante em média de 6,4% ao ano. Porém, o paraíso começou a dar sinais de declínio do crescimento a partir de 2005. Em julho do mesmo ano, o preço médio das casas de acordo com dados do *Census Bureau*, era de $229.200 porém, aumentou apenas 4% para $238.100 em julho de 2006.

Segundo relatórios da NAR[1], em 2007 houve um magro aumento de 1%, para em seguida experimentar um declínio sem precedentes no mercado imobiliário, pois mesmo que em janeiro de 2007 os preços médios indicassem um aumento de 3,88%, só durou até o primeiro trimestre daquele ano, quando o preço médio da habitação começou a cair de 2007 até 2009. O preço médio caiu de $246.200 em julho de 2007 para $212.100 em julho de 2010 de acordo com dados do US *Census Bureau*[2].

No primeiro semestre de 2010, os preços dos imóveis caíram para os níveis de 2004 em um mercado estagnado. O que, há décadas, parecia uma via única de lucros crescentes, de acordo com os dados da *Standard and Poor's*, caiu mais de 30% em apenas alguns anos. Na prática, os preços caíram muito mais na Flórida, onde a queda média ficou em torno de 60%. Dados divulgados pela *Zillow*.com, demonstraram que o valor médio da casa nos Estados Unidos em novembro de 2017 foi de $203.400. O preço

1. https://www.census.gov/
2. http://bit.ly/2E1Acgl

médio do pé quadrado dos imóveis listados nos Estados Unidos em 2017 foi de $140. No último trimestre de 2017, o preço de compra médio era de $259.900, enquanto o preço médio de venda foi $225.262. O preço médio de aluguel na mesma época foi de $1.600.

PANORAMA DO MERCADO DE IMÓVEIS ATÉ 2020

De acordo com um relatório da *Gordon Collins*[3], do ponto de vista do investidor, o mercado imobiliário em 2017 dava sinais positivos para 2018. De um modo geral, a tendência natural de intenção de compra foi enriquecida com o retorno ao mercado imobiliário do grupo de compradores, após terem sofrido os danos da bolha ou bancarrota que os colocou em um exílio de crédito por pelo menos 7 anos. Existem alguns dos fatores que não podem ser ignorados na hora de decidir comprar um imóvel, os quais apontaram para o aumento dos preços das casas nos Estados Unidos, a partir de 2018, dentre eles destacamos os quatro mais relevantes:

- *Escassez de mão de obra.*
- *Aumento das taxas de juros dos financiamentos.*
- *Tendência de aumento nos preços da madeira.*
- *Redução da quantidade de imóveis disponíveis para venda.*

Em 2020, o número de vendas imobiliárias aumentou significativamente, ultrapassando o volume de 2007. As incertezas econômicas frutos de uma pandemia que se recusa acabar, a corrida pela posse de uma casa própria foi levada mais a sério do que nunca pelos compradores, principalmente milênios[4] que entraram no mercado por uma moradia própria pela primeira vez. Consequentemente incendiou o mercado,

3. Fonte: http://bit.ly/2ABJk8K

4. Os milênios, também conhecida como Geração Y, é a coorte demográfica que segue a Geração X e a Geração Z anterior.

aumentando consideravelmente por um curto período, o valor das propriedades, seguido do aumento da demanda por residências em quase todas as áreas do país, que impulsionou mais ainda o mercado imobiliário americano.

Os preços das casas têm aumentado em torno de um dígito por muitos anos, porém, os recentes aumentos de preços de dois dígitos refletem a convergência da demanda excepcional e da oferta cronicamente baixa. Os valores estão aumentando como resultado de uma injeção de capital no mercado e por causa das taxas de hipoteca muito baixas, que poderão se manter por mais um bom período, devido a fatores como inflação e a lenta recuperação da economia americana.

A oferta de moradias desde 2020 vem declinando e até o início de 2021 chegou ao seu nível mais baixo desde a década de 1970. O *Census Bureau* divulgou seu relatório trimestral mais recente, que inclui dados até o terceiro trimestre de 2021. O preço médio nacional da casa própria de uma família chegou a $404.700 comparado com a mesma métrica de 2020 que era de $337.500[5]. Em 2007 no terceiro trimestre o preço médio era de $241.800 representando um aumento de mais de 67%.

O QUE ESPERAR DO MERCADO IMOBILIÁRIO NOS PRÓXIMOS ANOS?

As leis de mercado continuam as mesmas, e não é diferente para os imóveis. Quando a demanda é atendida, os preços tendem a cair. Há uma demanda extrema por propriedades no momento, e simplesmente não há inventário para atender aos compradores em potencial. A construção de casas tem aumentado nos últimos anos, mas não é suficiente para suprir o inventário atrasado. Portanto, para haver quedas significativas nos preços das casas, tem que haver quedas significativas na demanda

5. https://fred.stlouisfed.org/release/tables?rid=97&eid=206085#snid=206087

dos compradores. A demanda diminui principalmente como resultado do aumento das taxas de juros ou da desaceleração da economia em geral. Assim, não haverá queda nos preços das casas; em vez disso, haverá um retrocesso, o que é normal para qualquer classe de ativos. O crescimento dos preços das casas nos Estados Unidos apenas irá "moderar" ou desacelerar em 2022 e talvez se mantenha até 2023.

Dez anos após a Grande Recessão, o país está no mais longo período de contínua expansão econômica já registrado. O mercado imobiliário acompanhou grande parte da jornada e continua a se beneficiar muito com a saúde geral da economia que se mostra resiliente apesar das influências desastrosas da pandemia. As últimas tendências do mercado imobiliário mostram que os preços estão subindo na maior parte do país e na maioria dos segmentos de preços devido à falta de oferta. As atividades econômicas estão crescendo em todos os setores, as taxas de hipotecas estão subindo e os empregos continuam se recuperando. As taxas de hipotecas baixas oferecem oportunidades para os compradores adquirirem propriedades com pagamentos mensais baixos e juros anuais fixos. Uma desaceleração esperada começou a dar sinais em dezembro de 2021. O mercado imobiliário permanece em grande parte um mercado de vendedores devido à demanda ainda superando a oferta.

O estoque de casas disponíveis continua sendo uma restrição para compradores e vendedores. Fazer uma previsão da valorização dos imóveis é um desafio, porém devemos considerar que o estoque, embora tenha a tendência de aumentar ligeiramente, permanecerá significativamente abaixo dos níveis pré-pandêmicos, portanto, incapaz de atender à demanda atual. De acordo com a *Zillow*, 2021 marcou o mercado imobiliário mais aquecido da história dos EUA. Embora não se espere que estes recordes sejam superados em 2022, os economistas da

Zillow esperam que o crescimento de preços incrivelmente forte e o volume de vendas continuem. A previsão da *Zillow* aponta para um crescimento do valor da casa de 11% em 2022. Isso é abaixo dos 19,5% projetados em 2021, um ritmo recorde de valorização da casa no final do ano, mas estaria entre os anos mais fortes que a *Zillow* já acompanhou.

A previsão é que as vendas de casas existentes totalizem 6,35 milhões, em comparação com uma estimativa de 6,12 milhões em 2021, recorde de vendas de casas desde 2006. Com base em diversas métricas do mercado imobiliário, o crescimento do valor da casa em 2022 poderá ser menos da metade do que os índices de 2021, apontando para um crescimento menos transitório do que o aumento dos preços ao consumidor, uma vez que o mercado imobiliário dos EUA continuará a lutar contra a escassez de moradias disponíveis por muitos meses.

As previsões mais recentes são de uma queda para os 7% em 2022. O ritmo de vendas de residências esfriou desde o primeiro trimestre de 2021, quando estava em $7,2 milhões. O Freddie Mac prevê um crescimento dos preços das casas de 7,0% em 2022. A expectativa de um forte crescimento dos preços das casas pode elevar as hipotecas de compra de casas de $1,9 trilhão em 2021 para $2,1 trilhões em 2022. Com uma previsão de taxa de hipoteca mais alta para 2022, pode se antecipar que a atividade de refinanciamento irá abrandar, com a diminuição do volume de refinanciamento de $2,6 trilhões em 2021 para algo abaixo de $1,0 trilhão em 2022. No geral, o Freddie Mac prevê que diminuirão de $4,5 trilhões em 2021 para $3,1 trilhões em 2022.

UM RETORNO À NORMALIDADE EM 2022.

Se você olhar para a história dos preços de imóveis na América, eles tendem a subir a longo prazo, entre 3% e 5% ao ano. De acordo com a *Black Knight*, uma empresa de análise de dados de imóveis e hipotecas, o crescimento anual dos preços das casas atingiu uma média de 3,9% em 25 anos. Em 2019, os ganhos de preço médio anual diminuíram marginalmente para 3,8%, uma queda experimentada pela primeira vez desde 2012. Os níveis de dois dígitos experimentados em 2020/2021 foram uma exceção causada por um mercado imobiliário superaquecido, o que são tipicamente insustentáveis a longo prazo, pois exaurem muitos compradores em potencial.

Um ganho de preços em torno dos 7% estaria mais em linha com as tendências históricas. Se você está se perguntando como estará o mercado imobiliário nos próximos seis meses, especialmente se for um investidor, aqui estão algumas boas notícias para você. O descompasso entre oferta e demanda está elevando os preços, mas não se trata de uma bolha imobiliária.

Muitos especialistas previam que a pandemia poderia levar a um *crash* habitacional pior do que a grande depressão. Mas isso provavelmente não acontecerá. O mercado está muito melhor do que há uma década, já passou da fase de recuperação e agora está crescendo com o aumento das vendas de casas em comparação com o período pré-pandemia. O mercado imobiliário dos EUA está pronto para investimentos em 2022, sendo um ótimo momento para comprar uma propriedade para aumentar seu fluxo de caixa.

As previsões para outros mercados são igualmente otimistas, no caso de Miami, Flórida, a ideia de que os preços já se ajustaram para níveis normais está ainda longe de acontecer, pois o mercado de condomínios e casas na região do Condado de Miami Dade e Broward permaneceu estável, mas os preços das casas poderão aumentar além dos 7%.

As vendas totais de casas no condado de Miami-Dade aumentaram 142,4% ano a ano, de 4.766 para 11.553. As transações de residências unifamiliares em Miami aumentaram 66,9%, de 2.688 para 4.486. As residências unifamiliares em Miami registraram ganhos de vendas ano após ano em oito dos últimos nove trimestres, um período de mais de dois anos. As vendas de condomínios existentes em Miami aumentaram 240,1%, de 2.078 para 7.067. Os preços médios de residências unifamiliares em Miami aumentaram 31,6% ano a ano, de $380.000 para $500.000. Os preços médios já aumentaram por 38 trimestres consecutivos, uma sequência de 9,5 anos. Os preços médios dos condomínios existentes em Miami aumentaram 25,8% ano a ano, de $262.250 para $330.000.

O número de casas disponíveis atualmente para residências unifamiliares diminuiu 54,2% para 2,2 meses (volume de casas disponíveis para cobrir a demanda por dois meses), o que indica um mercado propício para quem deseja vender suas propriedades. Para condomínios, em torno de 5,1 meses, o que favorece também os vendedores. É importante ter em mente, que historicamente os níveis normais giram em torno de seis e nove meses de estoque de suprimentos disponível para venda no mercado imobiliário.

Embora não seja o objetivo deste livro fazer previsões de mercado, sugerimos que se familiarize com estes relatórios, principalmente os divulgados pela Associação Nacional de Realtors e com as variações de preços nos mercados onde tem a intenção de comprar. Pesquise as publicações financeiras que apontam para as melhores cidades onde se deve investir. Desta forma pode encontrar casas à venda com o potencial de investimento de alto retorno onde os preços tendem a aumentar pela demanda que continua aquecida. Por esta razão, é muito importante que você faça um trabalho de pesquisa fundamentado em dados oficiais e com o acompanhamento de um agente experiente que esteja realmente interessado em ajudá-lo a encontrar o imóvel que se enquadra em suas necessidades, pelo melhor preço possível, e acima de tudo, na melhor localização disponível. Em resumo, a maioria dos negócios imobiliários e os especialistas em investimentos no setor, preveem um ponto de partida forte para o mercado de imóveis nos Estados Unidos em 2022 e uma tendência de permanecer assim por mais alguns anos.

VALE A PENA COMPRA UMA CASA OU ALUGAR?

Quando você pensa nas diferenças e nos custos envolvidos na compra de um imóvel, talvez pense que ao alugar uma propriedade não tenha que se preocupar com manutenção, impostos, taxas de condomínios, reparos etc. Não se deve comparar viver em uma casa ou apartamento alugado, com o viver em sua própria residência. Neste ponto, não se deve ignorar os fatos de que possuir sua casa traz privilégios sobre o aluguel, pois a propriedade de um imóvel vem com vantagens financeiras que não estão disponíveis para locatários, como por exemplo, a utilização do *equity*[6] como linha de crédito, entre outros benefícios que por desconhecê-los ou ignorá-los, muitas pessoas preferem continuar alugando.

Isso os expõem à situações estressantes como reparos não controlados e aumentos constantes do aluguel, além de estarem sempre à mercê dos proprietários, que podem decidir vender o imóvel provocando mudanças não planejadas e custos adicionais com um novo aluguel, forçando-os a uma mudança de área ou até mesmo de cidade. A compra de imóveis está cada vez mais fácil com as opções de financiamento e programas de incentivo para a aquisição de uma residência principal pela primeira vez (*first-time homebuyer program*). Se considerar as "dores de cabeça" que poderá ter ao alugar um imóvel, lembre-se que a conta pode ficar bem mais cara, pois que quem paga as contas,

6. Equity - É a diferença positiva entre o valor justo de mercado de um imóvel e o saldo devedor do financiamento (dívida) da propriedade.

os custos dos reparos, manutenção e financiamento do imóvel alugado não é o proprietário, e sim o inquilino, pois estes custos estão agregados ao valor do aluguel. Deste modo quem lucra com o imóvel é o proprietário, que na maioria dos casos tem uma margem de lucro.

VANTAGENS DE POSSUIR UM IMÓVEL

As recompensas pela aquisição de um imóvel virão com o tempo e não podem de forma alguma sere ignoradas. Conheça algumas das mais importantes:

1. ***Aumento da liberdade, segurança e estabilidade.*** Uma casa própria é um lugar que oferece segurança e proteção. Além disso, os proprietários têm a liberdade para fazer o que bem entendem com o imóvel, do que viver como locatários, e não estão sujeitos a inspeções por um locador. Têm a liberdade de pintar, alterar ou aumentar a segurança de sua casa virtualmente da maneira que desejarem. Ter uma vida estável, especialmente entre as crianças, uma vez que há uma chance menor de você e sua família ter que mudar de emprego e escola e se estabelecer em novos ambientes sociais e de aprendizagem.

2. ***Aumento das vantagens fiscais.*** Um dos benefícios monetários imediatos da compra de uma casa é a capacidade de deduzir a maioria ou todos os pagamentos de juros de sua hipoteca, impostos sobre a propriedade e pontos de empréstimo. Isso ocorre porque nos primeiros anos de posse de uma casa, a maioria dos pagamentos mensais vai para o pagamento de juros.

3. ***Aumento do patrimônio da casa.*** Tornar-se um proprietário permite que você aumente dramaticamente seu patrimônio líquido devido ao valor do imóvel, pois

seu valor é considerado o valor de mercado atual menos quaisquer garantias pendentes ou saldos de empréstimos imobiliários. A taxa de retorno de um investimento em habitação aumenta significativamente quanto mais tempo ele é mantido.

4. ***Ser o dono do imóvel onde reside vem com outros benefícios financeiros como:***
   - *É um investimento onde você mora.*
   - *É seu legado ou uma herança para sua família.*
   - *Hipoteca Reversa (Reverse Mortgage). Uso do equity como fundo de aposentadoria.*
5. ***Há uma grande variedade de programas e opções disponíveis para você comprar seu imóvel.*** A Royal Mortgage USA trabalha com programas diversificados que atendem desde aquele que está comprando sua primeira propriedade até investidores internacionais.
6. ***Constituição de patrimônio.*** Na mesma linha de maiores vantagens fiscais e *home equity*, a casa própria também permite que os proprietários aumentem sua riqueza de longo prazo drasticamente mais do que aqueles que optam por alugar. Como visto nos últimos anos, é evidente que as flutuações no mercado imobiliário podem diminuir ou aumentar o valor de uma casa, mas no longo prazo, investir em uma casa é uma decisão financeira valiosa que leva a um aumento significativo no valor da propriedade nas décadas que se seguem.
7. ***É uma grande conquista e representa o trabalho árduo e as escolhas responsáveis do novo proprietário.*** Quando você investe em seu futuro por meio da casa própria, as possibilidades são infinitas. É uma experiência gratificante

por meio da qual as famílias constroem vidas e memórias, bem como seu futuro financeiro.

POR QUE COMPRAR UM IMÓVEL?

Dentre as principais razões para optar pela compra, destacamos os fatores que continuarão a afetar positivamente o mercado imobiliário no futuro próximo:

- *O valor dos imóveis está em alta, o que significa um investimento seguro a longo prazo.*
- *Os "milênios" ou "geração Y" estão em busca de casas para criarem suas famílias.*
- *Os aluguéis estão caros, são um excelente retorno de investimento para quem tem casa para alugar.*
- *Comprar para reparar e vender (house flippers) ainda está dando bons retornos financeiros.*
- *Bens imóveis são menos arriscados quando comprados corretamente.*
- *A economia dá sinais de estabilidade e crescimento.*
- *Os estrangeiros, incluindo brasileiros, venezuelanos e canadenses, estão ansiosos para comprar propriedades nos EUA.*
- *As pessoas que sofreram com a crise imobiliária estão voltando ao mercado após os 7 anos de exílio de crédito.*
- *Não há casas suficiente para atender a demanda, por isso uma queda dramática de preços é pouco provável.*
- *O plano de redução de impostos do ex-presidente Trump continua acelerando a economia.*
- *Estamos vivendo um longo ciclo econômico positivo na América.*

Embora não seja novidade, possuir um imóvel é um grande compromisso e requer de seu proprietário uma boa dose de trabalhos e responsabilidades pois há sempre algo para fazer, esta é uma decisão inteligente que se refletirá a longo prazo. Por esta razão você precisa estar consciente do negócio no qual está entrando. É um compromisso sério, mas que tem muitas recompensas.

COMO COMPRAR UM IMÓVEL NOS EUA

Até aqui cobrimos de forma sucinta as bases do mercado imobiliário e os principais pontos que você precisava para tomar uma decisão quanto a compra do primeiro imóvel. A partir de agora, nosso foco vai ser nos passos críticos que culminarão com a aquisição de uma propriedade. Há um pensamento popular na América de que possivelmente uma casa própria é a coisa mais cara que compraremos em nossa vida, e por esta razão precisaremos de financiamento. Inicialmente você precisa de um bom crédito, uma fonte de renda estável e uma reserva de dinheiro para o pagamento da entrada (*down payment*) e os custos de fechamento do contrato inicial (*closing costs*). Normalmente, isso inclui um trabalho e um histórico de renda confiável que possa ser verificado por pelo menos dois anos de declaração de impostos.

De acordo com a *CoreLogic*[7], 2021 foi um ano extraordinário para o mercado imobiliário devido a alguns fatores como: recorde baixo das taxas de juros, crescimento anual acelerado dos preços e aluguéis para casas unifamiliares, taxas de execução hipotecária em baixas por gerações e o maior número de vendas de residências em 15 anos. Os proprietários de imóveis viram um mercado em que suas casas foram vendidas rápida e frequentemente acima do preço de tabela, já que vários compradores competiam para ter o lance vencedor. Com o Federal Reserve[8] gradualmente "afinando" sua política monetária de apoio, as taxas de hipotecas

7. https://www.corelogic.com/intelligence/2022-housing-outlook/
8. O Federal Reserve System (FRS), frequentemente chamado simplesmente de Fed, é o banco central dos Estados Unidos e, sem dúvida, a instituição financeira mais poderosa do mundo. Foi fundado para fornecer ao país um sistema monetário e financeiro seguro, flexível e estável.

devem aumentar lentamente em 2022: espera-se que as taxas de hipotecas sejam em média cerca de meio ponto percentual mais altas em 2022 do que eram em 2021, ou cerca de 3,4%.

Esperamos ver uma moderação na demanda do comprador, uma vez que a erosão na acessibilidade afeta estoques adicionais para venda entrando no mercado. Com mais oferta de novas construções e realocação de proprietários existentes, espera-se que as vendas de casas aumentem para o maior número desde 2006. Veja os dados da Figura 1 abaixo.

Figura 1: AS TAXAS DE HIPOTECA DEVEM AUMENTAR, MAS PERMANECERÃO EM NÍVEIS BAIXOS.

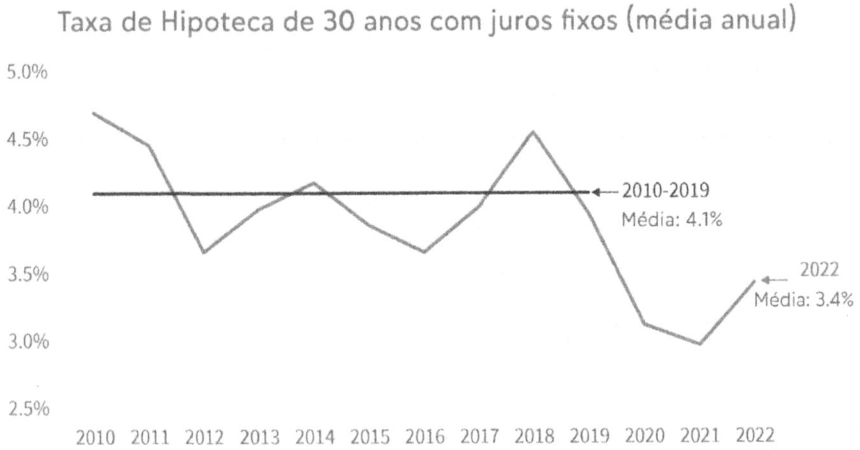

Mesmo assim, as taxas de juros[9] na maioria das vezes resistem as previsões, mas não tem nenhuma queda, principalmente em uma economia em crescimento. Portanto esta é a hora de agir. Há alguns anos atrás achava-se que as taxas de juros não poderiam subir, no entanto, já percebemos uma ligeira movimentação dos índices. Então, embora as taxas de juros por si só não sejam o único motivo para comprar uma propriedade, é melhor que esteja pronto. Este capítulo será muito útil para ajudá-lo a colocar as

9. Juros para financiamentos de imóveis residenciais divulgados pelo Fredie Mac na primeira semana de Fevereiro de 2021 - http://www.freddiemac.com/pmms/ Consulte o Bankrate.com para ter uma ideia das taxas de juros atuais. A Royal Mortgage USA com base em seu crédito e outros fatores pode determinar sua melhor taxa de juros.

coisas em ordem antes mesmo de falar com seu agente imobiliário e a Royal Mortgage USA. Você precisa agir rapidamente para tirar proveito das taxas de empréstimos disponíveis.

REQUISITOS FINANCEIROS PARA A APROVAÇÃO DE UM FINANCIAMENTO.

Embora os credores estejam cada vez mais dispostos a ampliar o crédito, os padrões para obter aprovação para uma hipoteca são altos. Com exceção dos programas de empréstimos do FHA (programa de financiamento do governo) e alguns outros tipos de empréstimos especiais, seguem o que é preciso para aprovar seu financiamento com rapidez:

1. Ter um bom crédito. Nenhuma surpresa aqui. Quando trata-se de obter um financiamento, sua pontuação de crédito é importante. Embora possa obter aprovação com uma pontuação na casa dos 580 pontos, uma pontuação de 720 ou superior, proporcionará a você as melhores taxas de juros, permitindo uma grande economia durante seu financiamento. Consulte seu crédito no CreditKarma.com (é grátis).

2. ***Reserva de dinheiro para a entrada.*** Já houve um tempo em que se comprava propriedades sem entrada com financiamento de 100%. Na minha opinião, a maneira inteligente de comprar um imóvel é a maneira antiga: com pelo menos 20% de entrada. Porém, programas como o FHA exigem apenas 3,5% de entrada entre outros.

3. ***Dinheiro disponível em sua conta.*** Os bancos querem ver sua liquidez para comprar um imóvel e que ao fazer o *down payment* (parcela de entrada) você não vai ficar sem recursos para realizar seus pagamentos. Portanto, prepare-se para mostrar uma reserva em caixa depois que todos os custos de fechamento estiverem pagos.

4. Uma fonte de renda ou emprego sólido. Este é, seguido do seu crédito, o mais importante elemento para se obter um empréstimo. Quanto mais tempo você demonstrar em seu trabalho, melhor (mínimo de 2 anos de contracheque). Para autônomos e profissionais liberais existem programas que atendem sua necessidade. A maioria dos credores vai requerer pelo menos dois anos de declarações de imposto de renda e irá calcular seu rendimento como uma média desse período.

DOCUMENTAÇÃO MÍNIMA NECESSÁRIA

Antes de se cadastrar para um financiamento você precisará apresentar os seguintes documentos:

Profissionais Liberais:

- *Cópia do seu SSN – Seguro Social (Existem programas que não exigem o SSN).*
- *Cópia de sua Drivers License*[10]*.*
- *2 anos de imposto de renda pessoal e 2 anos da empresa.*
- *2 meses de extrato bancário.*

Pessoa Física:

- *Cópia do seu SSN – Seguro Social (Existem alternativos programas que não exigem o SSN).*
- *Cópia de sua Drivers License.*
- *2 meses de extrato bancário.*
- *Histórico dos 2 últimos anos de emprego.*
- *Cópias dos comprovantes de recebimento (pay stubs) nos últimos 30 dias. Estes devem ser atualizados durante o processo de aprovação.*
- *Copias dos formulários W-2*[11] *dos últimos dois anos.*

10. Drivers License - Carteira de motorista.
11. Extrato de rendimentos anuais para imposto de renda.

DESCUBRA O QUANTO PAGAR

Antes mesmo de procurar um imóvel, você precisa ser pré-qualificado para saber até quanto pode comprar e pagar por seu novo empreendimento. É necessário uma Carta de Pré-qualificação, pois os proprietários se recusam a aceitar uma oferta sem esse documento e não cobramos para fornecê-lo. O papel da Royal Mortgage USA é auxiliá-lo na determinação do seu potencial de compra com base nas informações que você fornecer. No site da Royal Mortgage USA[12] você encontra um simulador de empréstimos no qual pode fazer uma estimativa de valores de compra, parcela de abatimento de entrada e uma taxa de juros média para calcular quanto será seu pagamento mensal. Mas recomendamos que fale conosco e poderemos lhe dar uma estimativa mais próxima da realidade.

COMO ENCONTRAR O IMÓVEL CERTO

Neste livro você já foi orientado como comprar um imóvel nos Estados Unidos e conheceu os passos mais importantes do processo de qualificação, busca e financiamento da propriedade dos seus sonhos. A esta altura já está ciente do seu potencial de compra, de posse de sua carta de pré-aprovação e pronto para comprar. Sugerimos aos interessados na compra de imóveis, a participarem de *open houses*[13] onde irão se familiarizar com o mercado e com as opções existentes, bem como com as vantagens e desvantagens de cada imóvel, localização e potencial de mercado.

Também orientamos a criar uma lista com as características que deseja encontrar em sua nova casa incluindo a faixa de preço, o número de quartos e banheiros, localização e escolas, fator imprescindível, se você tem ou pretende ter filhos.

12. Royalmortgageusa.com/calculators. 2. Realtor® - Corretor de imóveis membro da Associação Nacional de Realtors®.

13. Open House - Propriedade listada para venda e aberta à visitação de potenciais compradores.

PASSO UM – BUSQUE ORIENTAÇÃO PROFISSIONAL

Orientamos ao potencial comprador como encontrar um corretor com quem começará o processo de pesquisa de mercado tendo como base suas preferências preestabelecidas. Escolher o agente imobiliário correto, pode ser a chave para encontrar a propriedade certa com chances de fechar um bom negócio. A Royal Mortgage USA possui em seu banco de dados profissionais especializados que poderão lhe ajudar em todo processo.

POR QUE TRABALHAR COM UM CORRETOR?

Escolher o agente imobiliário correto pode ser a chave para encontrar o imóvel certo e obter a melhor negociação. Mas afinal, o que é um Realtor® e o que pode fazer por você? O Realtor® é um corretor de imóveis que é membro ativo da National Association of Realtors®, e pode ajudá-lo a comprar ou vender sua propriedade.

O QUE UM REALTOR® FAZ?

A grande maioria dos compradores utilizaram um agente imobiliário, assim como 88% dos vendedores[14]. A representação do Realtor® durante uma transação imobiliária é importante para compradores e vendedores. Aqui estão seis, dos principais motivos:

1. ***O Realtor® assume um compromisso ético com o comprador.*** Você tem um especialista que cuidará do seu interesse, que é contratualmente obrigado a fazer tudo o que estiver ao seu alcance para protegê-lo. Ajuda aos vendedores (quando contratado para uma venda) a protegerem seu investimento e aos compradores a adquirirem o deles.
2. ***Atualização dos regulamentos imobiliários.*** Comprar ou vender uma casa não é um processo simples. Cada imóvel é diferente, e as leis mudam a cada ano e variam de estado

14. https://www.realtor.com/advice/buy/why-you-should-use-realtor/

para estado. De um modo geral, as pessoas adquirem uma nova casa a cada 7-10 anos, e muito pode mudar de transação para transação.

3. ***Um Realtor® pode ajudá-lo a encontrar o imóvel certo.*** Pesquisar na internet é uma ótima maneira de começar (estima-se que cerca de 90% das pessoas começam sua pesquisa on-line). Mas quando chega a hora de comprar é necessário conhecer todos os prós e contras de uma propriedade. O Realtor® tem acesso a informações sobre imóveis que não estão disponíveis facilmente para o público.
4. ***Contratos e negociações.*** Após encontrar seu imóvel é quando começa o verdadeiro trabalho. O Realtor® está preparado para cuidar deste processo complexo. Ele irá ajudá-lo cuidando de toda a documentação referente ao processo de compra, desde a oferta até o fechamento.
5. ***Orientação na hora de fazer uma oferta.*** Além disso, quando se trata de negociação, o seu agente é como um advogado e pode oferecer orientações específicas que o ajudarão a fazer uma oferta de compra atrativa para o imóvel que você escolheu.
6. ***Compromisso Ético.*** Quando você trabalha com um Realtor®, está associando-se a um profissional que opera de acordo com um código de ética rigoroso existente há mais de 100 anos. Esse Código de Ética do Realtor® garante que os consumidores que buscam sua assistência sejam tratados profissional e eticamente em todos os assuntos relacionados às transações imobiliárias.

PASSO DOIS – A OFERTA

Agora que você já foi propriamente qualificado para a compra de sua casa, é o momento de sair em busca daquele imóvel que cabe em seu orçamento. A primeira coisa que podemos evidenciar são suas emoções. Mantenha seus sentimentos sob controle e seja o mais objetivo possível. Este controle emocional vai ajudá-lo a economizar muito na hora de negociar. Uma oferta deve estar baseada nos fatos mais importantes como características da propriedade, localização, compartimentos, aparência, escolas, segurança, proximidade das vias de acesso principais, estação do corpo de bombeiros, delegacias de polícia, hospitais, *shopping centers* etc.

Estes e outros elementos devem ser colocados como prioridade acima de qualquer empolgação. Muitos compradores acabam por pagar um preço alto por ignorarem estes elementos. A ansiedade é o inimigo número um. A pressa na decisão pode colocar todo esforço em xeque, e no fim o que poderia ser uma experiência feliz acaba se tornando-se uma grande agonia.

Comprar uma casa pode ser uma experiência muito emocional, mas a negociação do preço não deve ser. A chave para economizar dinheiro nessa compra está em aderir a um plano específico de características e valores que jamais podem ser ignorados na hora de uma negociação. Seu agente imobiliário que o representa pode orientá-lo e oferecer conselhos, mas você é quem deve tomar a decisão final durante cada rodada de ofertas e contraofertas. Todos os vendedores querem o máximo pela sua casa, e você não pode se deixar levar por este sentimento de "se eu não pagar o que ele pede eu posso perder a casa".

7 ESTRATÉGIAS DE NEGOCIAÇÃO DO VALOR DO IMÓVEL

1. ***Demostre sua seriedade e que está capacitado para fazer negócios.*** Como mencionamos antes, você precisa de uma Carta de pré-qualificação, pois os proprietários não irão receber sua oferta sem uma. Normalmente os agentes financeiros ou bancos não cobram para fornecê-lo uma, mas podem cobrar uma taxa pequena pelo serviço.

Alguns cobram pelo seu histórico de crédito apenas no fechamento. Por essa razão, encorajamos que pergunte. Sua carta de pré-aprovação irá colocá-lo em posição privilegiada no pacote de ofertas quando os vendedores tiverem que tomar uma decisão. Eles procuram ofertas firmes pois não querem correr o risco de escolher algo que acabe caindo por falta de aprovação do banco por causa da qualificação do comprador.

2. ***Faça perguntas.*** Peça ao seu agente informações para ajudá-lo a entender a posição financeira e a motivação dos vendedores. Eles estão enfrentando uma bancarrota ou um *short sale*[15]? Pergunte se eles já compraram outro imóvel ou já se mudaram, o que pode torná-los ansiosos para aceitar um preço mais baixo para evitar pagar duas hipotecas. Quanto tempo a casa está no mercado? Em caso de ofertas, quantas estão na mesa de negociações? Em caso afirmativo, por que eles ainda não aceitaram uma das ofertas? Quanto mais respostas a estas e outras perguntas você tiver, mais poderá sentir a ansiedade e estado emocional dos vendedores, o que aumenta as chances deles aceitarem sua oferta.

3. ***Não ofereça tudo que pode pagar logo no início.*** Trabalhe de uma maneira que você possa fazer um novo lance. O valor final da sua oferta nunca deve ultrapassar sua carta de aprovação. Conheça antecipadamente o máximo que você está disposto a pagar e, com seu agente, trabalhe novamente com esse número para determinar sua oferta

15. Short Sale ou venda a descoberto em imóveis se refere a uma venda que ocorre quando um proprietário em dificuldades financeiras vende sua propriedade por menos do que o valor devido na hipoteca. O comprador da propriedade é um terceiro (não o banco) e todos os rendimentos da venda vão para o credor. O credor tem duas opções disponíveis: eles podem perdoar o saldo remanescente ou processar o proprietário por meio de uma sentença de julgamento de deficiência, que exige que paguem ao credor a totalidade ou parte da diferença. Em alguns estados, essa diferença deve ser legalmente perdoada em uma venda a descoberto.

inicial, o que pode dar o tom para toda a negociação. Uma oferta muito baixa pode ofender vendedores conectados emocionalmente com o valor da sua casa e um lance muito alto pode levá-lo a gastar mais do que o necessário para fechar a venda.

4. ***Trabalhe com o seu agente na avaliação correta da casa.*** Um Realtor® experiente irá ajudá-lo a avaliar o quão motivado o vendedor está para fechar uma negociação. Se as emoções têm um papel, você deve jogar com as do vendedor, as suas, ficam no freezer nesta hora. Peça ao seu agente que lhe dê todas as possíveis comparações de preços na área onde você está comprando. Outra dica, é que as propriedades usadas como comparação, sejam as mais parecidas possíveis à que você está querendo comprar. Usando esse roteiro é possível economizar muito dinheiro.

5. ***Evite Pré-condições.*** Os vendedores não querem receber ofertas que estejam dependentes de outros fatores como vender uma casa antes ou receber um dinheiro de um negócio etc. Mantenha sua oferta livre de pré-condições complicadas. Você precisa, porém, estar alertas às condições comuns de uma negociação de casa; como inspeções, avaliações, aprovações de condomínios, etc. Fale com seu corretor.

6. ***Não entregue seu ouro.*** Toda negociação envolve a possibilidade de ceder aqui e acolá. A cada concessão feita, peça outra em troca. Se os vendedores pedirem que você aumente seu preço, peça-lhes que contribuam para o fechamento (*closing costs*) ou pagar um reparo, seguro etc. Espere a reação e procure deixar claro que está disposto a sair da negociação se eles não cederem também.

7. ***Não se deixe influenciar pela concorrência.*** Aquela casa ideal para você pode ser também para outras pessoas. Elas atraem ofertas agressivas. Mas não permita que a concorrência o impulsione a ofertar além do preço anunciado, nem concorde com concessões perigosas, como ignorar uma inspeção ou coisas que não representam seus interesses.

PASSO TRÊS – AVALIAÇÃO E INSPEÇÃO

A avaliação (*apprasial*) e a inspeção (*inspection*) de sua nova propriedade são dois elementos indispensáveis, embora a inspeção em alguns casos possa ser opcional. São de grande importância na determinação de uma compra que não o causarão "dores de cabeça". Além de oferecerem maior transparência podem influenciar no preço e no valor do seguro do imóvel.

Uma inspeção identifica problemas estruturais, elétricos, equipamentos, sistema de ar condicionado ou de encanamento existentes no imóvel; e a possibilidade de renegociação do preço ou a solicitação dos reparos pelo proprietário. Tanto a inspeção como a avaliação requerem que um especialista devidamente licenciado vá até a propriedade. Embora as vezes possam ser confundidas como uma coisa só, a avaliação e a inspeção domiciliar são tarefas realizadas por profissionais diferentes e para fins diferentes.

QUAL A DIFERENÇA?

Avaliação. O objetivo principal de uma avaliação é determinar o que se denomina valor de mercado. A visita do avaliador imobiliário pode ser melhor referida como uma "passagem", em vez de uma inspeção propriamente dita. Durante este rápido passeio, o avaliador busca descobrir pontos óbvios que possam afetar o valor da casa.

Conhecido como "*walk-through*" que também serve para verificar as informações nos registros da propriedade, número de quartos, endereço físico etc. É importante notar que a visita do avaliador é apenas uma parte da avaliação da propriedade. O avaliador pesquisará as vendas de imóveis semelhantes, para compilar um relatório final sobre o valor de mercado que será fornecido ao credor.

Inspeção. Trata-se de um processo mais detalhado e demorado que a visita de avaliação. Serve para determinar se há algo que precisa ser reparado ou substituído que possa interferir no valor da casa. O objetivo principal da inspeção é ajudar ao comprador a ter uma avaliação mais precisa do risco envolvido na compra. Alguns defeitos podem ser apenas cosméticos enquanto outros podem ser mais sérios, exigindo reparos dispendiosos. Em resumo a inspeção serve para proteger seu investimento contra armadilhas, e ajuda a economizar na compra do seguro do imóvel.

SEGURO DE VIDA 5

Muitos especialistas financeiros consideram o seguro de vida a pedra angular de um planejamento financeiro sólido, pois uma apólice de seguro protege seu cônjuge e filhos das perdas financeiras potencialmente devastadoras que podem ocorrer caso algo aconteça com você. O seguro além de fornecer segurança financeira, ajuda a pagar dívidas, as despesas de manutenção e quaisquer despesas médicas ou finais. Sua apólice de seguro de vida pode entregar uma quantia pré-determinada em dinheiro quando você mais precisar. Após a morte do segurado, a família receberá o pagamento da apólice imediatamente, e o benefício por morte geralmente não está sujeito a imposto de renda.

Se o seguro de vida é ou não um bom investimento para você vai depender de suas finanças individuais, bem como da duração da cobertura necessária; se você deseja uma cobertura por um determinado tempo ou um seguro de vida permanente que pode cobri-lo pelo resto da vida. A parte de investimento do seguro de vida permanente cresce livre de impostos. Você também pode pedir um empréstimo contra o valor monetário para comprar uma casa ou pagar os custos da faculdade dos seus filhos, também isento de impostos. Por outro lado, com o seguro de vida, todos os seus pagamentos são direcionados ao benefício por morte para seus beneficiários, sem valor em dinheiro (*no cash value*) e, portanto, sem componente de investimento; isso significa pequenos prêmios em troca de um grande benefício por morte.

O QUE É UM SEGURO DE VIDA?

O seguro de vida é um contrato legalmente vinculativo entre uma seguradora e o titular da apólice de seguro de vida, que garante que a mesma pague um valor monetário aos beneficiários legalmente nomeados, em troca dos prêmios pagos em contrato pelo segurado, após o seu falecimento.

Para que o contrato seja executado, o formulário de registro de seguro de vida deve conter com precisão as condições de saúde anteriores e atuais do segurado e as atividades de alto risco do segurado. Para que uma apólice de seguro de vida permaneça em vigor, o segurado deve pagar um único prêmio adiantado ou pagar prêmios regulares ao longo do tempo.

Quando o segurado morre, os beneficiários nomeados na apólice recebem o valor de face ou benefício por morte da apólice de seguro. Uma apólice de seguro de vida é tão boa quanto a solidez financeira da empresa que a emite. Os fundos de garantia estaduais podem pagar indenizações se o emissor não puder.

CATEGORIAS DE SEGURO DE VIDA

Ao decidir se o seguro de vida é um bom investimento, é importante compreender os tipos de apólices que você pode adquirir. Existem diversos planos de seguro de vida, mas eles geralmente se enquadram em duas categorias: permanente e a termo. Dependendo da preferência, diferentes categorias de seguro de vida estão disponíveis para atender a todas as demandas. Diante da necessidade à curto ou longo prazo, é importante saber escolher entre o temporário ou permanente.

1. O seguro de vida termo, ou puro (*Term Life Insurance*). É projetado para cobri-lo por um determinado período. Por exemplo, você pode comprar uma apólice de seguro de vida de 20 ou 30 anos. Essas apólices funcionam de maneira semelhante a outros tipos de apólices de seguro que você possa ter, como o seguro de carro; você paga um prêmio a cada mês e, se algo de ruim acontecer (neste caso, sua morte prematura) há um benefício pago aos beneficiários.

2. O seguro de vida permanente (*Permanent Life Insurance*). Cobre você pelo resto da vida, desde que seus prêmios sejam pagos. Certos tipos de seguro de vida permanentes também podem ter um componente de investimento que permite aos segurados acumular um valor em dinheiro. Quando você ouve consultores financeiros e, com mais frequência, corretores de seguro de vida defendendo o seguro de vida como um investimento, eles estão se referindo ao componente de valor em dinheiro do seguro de vida permanente e às maneiras pelas quais você pode investir e tomar emprestado esse dinheiro. Você escolhe o termo quando compra uma apólice. As melhores apólices de seguro de vida equilibram acessibilidade com solidez financeira de longo prazo.

3. Seguro de vida com prazo decrescente. Esse tipo de seguro é renovável, com cobertura diminuindo ao longo da vida da apólice a uma taxa predeterminada.

4. Seguro de vida conversível. Esse é o tipo de seguro que permite que os segurados convertam uma apólice em seguro permanente.

5. Seguro de vida com prazo renovável. Essa é uma apólice de seguro de vida com prazo renovável anual, que fornece uma

DICA

Os prêmios de seguro de vida termo (*Term Life Insurance*) são geralmente mais baratos do que os prêmios de seguro de vida permanente (*Permanent Life Insurance*).

cotação para o ano em que a apólice é adquirida. Os prêmios aumentam anualmente e geralmente é o seguro de prazo mais barato no início.

SEGURO DE VIDA PERMANENTE

O seguro de vida permanente vale por toda a vida do segurado, a menos que o segurado pare de pagar os prêmios ou desista da apólice. Normalmente é mais caro do que o seguro termo.

1. Vida inteira. Esse é um tipo de seguro de vida permanente que acumula valor em dinheiro. O seguro *cash-value life* permite que o segurado use o valor em dinheiro para muitos fins, como fonte de empréstimos ou ainda para pagar prêmios de apólices.

2. Vida universal. É um tipo de seguro de vida permanente com um componente de valor em dinheiro que rende juros. Esse seguro oferece prêmios flexíveis, que podem ser ajustados ao longo do tempo e podem ser projetados com um nível de benefício por morte ou um benefício crescente por morte.

3. Universal indexado. É um tipo de seguro de vida universal que permite ao segurado obter uma taxa de retorno fixa, ou indexada ao patrimônio sobre o componente de valor em dinheiro.

4. Variável universal. Com seguro de vida variável universal, o segurado pode investir o valor em dinheiro da apólice em uma conta separada. Ele também tem prêmios flexíveis e pode ser projetado com um nível de benefício por morte ou um benefício crescente por morte.

DIFERENÇA ENTRE SEGURO DE VIDA TERMO E SEGURO DE VIDA PERMANENTE

O seguro de vida termo (por prazo) é diferente do seguro de vida permanente em vários aspectos, mas pode atender melhor às necessidades da maioria das pessoas, pois só dura por um determinado tempo e paga um benefício por morte se o segurado falecer antes do prazo expirar. O seguro de vida permanente continua em vigor enquanto o segurado pagar o prêmio.

VANTAGENS DO SEGURO DE VIDA PERMANENTE

Existem muitos argumentos a favor do uso do seguro de vida permanente como um investimento. No entanto, muitos desses benefícios não são exclusivos do seguro de vida permanente. Muitas vezes você pode obtê-los de outras maneiras, sem pagar altas despesas de administração e comissões de agentes que vêm com o seguro de vida permanente. Aqui estão alguns dos benefícios mais amplamente defendidos:

1. Crescimento com impostos diferidos. As apólices de seguro de vida permanente com um componente de investimento, permitem que você aumente o patrimônio com base nos impostos diferidos. Isso significa, que você não paga impostos sobre juros, dividendos ou ganhos de capital, sobre o componente de valor em dinheiro de sua apólice de seguro de vida, até que retire os rendimentos. Isso é semelhante aos benefícios fiscais que você obtém com certas contas de aposentadoria, incluindo IRAs, 401(k)s e 403(b)s. Se você estiver maximizando suas contribuições para essas contas ano após ano, pode fazer sentido investir em seguro de vida permanente por motivos fiscais.

2. Cobertura vitalícia. Outro benefício do seguro de vida permanente, é que você não perde sua cobertura após vários anos. Uma apólice temporária termina quando seu prazo expira, enquanto que as apólices permanentes podem cobri-lo pelo resto da vida. Prevendo que as pessoas dependerão financeiramente de você além da duração de uma apólice de prazo normal (por exemplo, uma criança com deficiência), este benefício pode ser ideal para você.

3. Fazer empréstimos com base no valor monetário da apólice. Se precisar de dinheiro para comprar uma casa ou pagar uma faculdade, você pode pedir um empréstimo com base no valor em dinheiro de um seguro de vida permanente. Por outro lado, se você colocar dinheiro em um plano de aposentadoria com vantagens fiscais, como o 401(k), e quiser retirá-lo para uma finalidade diferente da aposentadoria, poderá ter que pagar multas. Além disso, alguns planos de aposentadoria, como o 457(b), dificultam ou impossibilitam sacar dinheiro para tais fins.

4. Benefícios acelerados. Você pode receber de 25% a 100% do benefício por morte estipulado em sua apólice de seguro de vida permanente antes de morrer, se desenvolver uma condição específica, como ataque cardíaco, derrame, câncer invasivo ou insuficiência renal em estágio terminal. A vantagem dos benefícios acelerados, como são chamados, é que você pode usá-los para pagar suas contas médicas e, possivelmente, ter uma qualidade de vida melhor enquanto viver.

DESVANTAGEM DO SEGURO DE VIDA PERMANENTE

Embora o seguro de vida permanente possa render vários benefícios, existem algumas desvantagens potenciais a serem consideradas. O custo é um dos mais importantes. Em comparação com as apólices de seguro de vida termo, o seguro de vida permanente pode exigir que você pague prêmios mais elevados.

Se você descobrir que não precisa de cobertura de seguro de vida, pode estar pagando prêmios mais caros desnecessariamente. O seguro de vida permanente também pode ter implicações fiscais para você; se seus beneficiários decidirem desistir de uma apólice ou você falecer com um empréstimo pendente. E tomar

IMPORTANTE

Os benefícios acelerados não são exclusivos do seguro de vida permanente; algumas apólices termo também os oferecem.

empréstimos ou benefícios acelerados pode reduzir o benefício por morte, que é pago aos beneficiários após a morte do segurado.

VANTAGENS E DESVANTAGENS DO SEGURO DE VIDA TERMO

O seguro de vida termo pode ser um bom investimento se você não quiser deixar seus entes queridos com o peso de saldar dívidas ou outras despesas. Aqui estão alguns dos benefícios mais importantes em adquirir uma apólice de seguro de vida termo.

1. Prêmios mais baixos. A compra de um seguro de vida temporário é geralmente mais barata em comparação com o seguro de vida permanente. Isso porque a seguradora assume menos riscos, já que você só está segurado por um determinado período. Quanto mais jovem e saudável você for ao comprar uma apólice de seguro de vida, mais baixos serão os seus prêmios.

2. Flexibilidade. Uma vantagem do seguro de vida é que você pode escolher por quanto tempo deseja estar coberto. Portanto, se você acha que precisará de seguro de vida por apenas 10 ou 20 anos, pode escolher um prazo que corresponda às suas necessidades. Isso significa que você tem previsibilidade ao estimar quanto pagará em prêmios durante todo o prazo. Uma apólice de seguro de vida permanente, por outro lado, seria mais um jogo de adivinhação, já que não há data fixa de término.

3. Converter em seguro permanente. Se você decidir estender sua apólice de vida por prazo indeterminado, poderá convertê-la em cobertura de seguro de vida permanente. Isso pode aumentar seus prêmios, mas pode valer a pena investir se você quiser ter cobertura vitalícia. A conversão também pode possibilitar a você a oportunidade de acumular valor em dinheiro.

DICA

As apólices de seguro de vida termo sem exame podem permitir que você ignore o exame médico, mas podem ter prêmios mais elevados.

DESVANTAGENS DO SEGURO DE VIDA TERMO

Quando você compra uma apólice de longo prazo, todos os seus prêmios vão para a garantia de um benefício por morte para seus beneficiários. O seguro de vida termo, ao contrário do seguro de vida permanente, não tem nenhum valor em dinheiro e, portanto, não tem nenhum componente de investimento. Se você ainda estiver vivo quando o prazo terminar, a apólice simplesmente caduca e você e seus beneficiários não veem nenhum dinheiro. No entanto, você pode pensar no seguro de vida como um investimento, no sentido de que está pagando relativamente pouco em prêmios, em troca da tranquilidade de saber que no caso de sua morte, seus beneficiários receberão um benefício relativamente grande.

Se você estiver interessado em uma apólice por um período fixo com um mecanismo de poupança embutido, que o recompensa por seus pagamentos posteriores, uma apólice de seguro de vida com retorno de prêmio (ROP) pode ser uma opção atraente. Você pagará uma taxa fixa pela duração da sua apólice, mas, ao contrário da cobertura de seguro de vida tradicional, receberá todo o seu dinheiro de volta no final do prazo.

Outra diferença importante envolve prêmios. O seguro de vida termo é geralmente muito mais barato em comparação com o seguro de vida permanente, porque não envolve a construção de um valor em dinheiro. Antes de se inscrever para o seguro de vida, você deve analisar sua situação financeira e determinar quanto dinheiro seria necessário para manter o padrão de vida de seus beneficiários ou atender à necessidade para a qual você está adquirindo uma apólice. Por exemplo: se você é o cuidador principal e tem filhos com 2 e 4 anos de idade, deve ter um seguro suficiente para cobrir todas as despesas até que seus filhos sejam adultos e possam se sustentar.

Você pode pesquisar o custo de uma babá, uma empregada doméstica, um serviço comercial de creche e limpeza; em seguida, adicionar algum dinheiro para a educação. Inclua todas as necessidades de hipoteca e aposentadoria pendentes para seu cônjuge no cálculo do seguro de vida. Especialmente se o cônjuge ganhar significativamente menos, ou é um dos pais que fica em casa. Some esses custos ao longo dos próximos 16 anos ou mais, acrescente mais para a inflação, pense que talvez seja esse o benefício por morte que você queira comprar se puder pagar.

EXEMPLO DE SEGURO DE VIDA TERMO

Uma mulher de 30 anos de idade não fumante e com excelente saúde pode conseguir uma apólice de seguro de 20 anos com um benefício por morte de $1 milhão, por $480 por ano. Se essa mulher morrer aos 49 anos, depois de pagar prêmios por 19 anos, seus beneficiários receberão $1 milhão sem impostos embora ela tenha pagado apenas $9.120. O seguro de vida oferece um retorno incomparável sobre o investimento, caso seus beneficiários precisem usá-lo. Ele fornece um retorno do investimento negativo se você estiver entre a maioria dos segurados, cujos beneficiários nunca registraram uma reclamação. Nesse caso, você terá pagado um preço relativamente baixo pela paz de espírito e poderá comemorar o fato de ainda estar vivo.

EXEMPLO DE SEGURO DE VIDA PERMANENTE

E se a mesma mulher descrita acima tivesse comprado um seguro de vida permanente em vez disso? Para uma apólice de seguro de vida inteira da mesma seguradora, ela provavelmente pagaria $9.370 anualmente. Então, quanto valor em dinheiro ela acumularia com esse custo extra? Após cinco anos, o valor em dinheiro garantido da apólice seria de apenas $19.880, e ela teria pagado $46.850 em prêmios. Após 10 anos, o valor em dinheiro garantido da apólice seria de $65.630, e ela teria pagado $93.700 em prêmios.

Após 20 anos, o valor em dinheiro garantido da apólice seria de $181.630, e ela teria pagado $187.400 em prêmios. Mas depois de 20 anos, se ela tivesse comprado a prazo por $480 ao ano e investido a diferença de $8.890, a um retorno médio anual de 8%, ela teria $421.064 antes de deduzir os impostos. Mas mesmo que a mulher descrita acima tivesse colocado os $8.890 extras por ano em uma conta de poupança com juros de 1%, ela teria $196.425 após 20 anos, o que ainda seria mais do que o valor em dinheiro garantido da apólice permanente que seria de $181.630.

QUANTO SEGURO DE VIDA COMPRAR

Muitos fatores podem afetar o custo dos prêmios de seguro de vida. Certas coisas podem estar além do seu controle, mas outros critérios podem ser gerenciados para reduzir potencialmente o custo antes de comprar uma apólice. Depois de ser aprovado para uma apólice de seguro, se sua saúde melhorar e você tiver mudanças positivas no seu estilo de vida, poderá solicitar uma mudança para classe de risco.

Mesmo que seja descoberto que você está com uma saúde pior do que na contratação inicial, seus prêmios não aumentarão. Mas, caso você esteja com uma saúde melhor, então seus prêmios podem diminuir. Os formulários de registro de seguro de vida geralmente requerem histórico médico pessoal e familiar, juntamente com informações do beneficiário.

Provavelmente, você também precisará se submeter a exames médicos e divulgar quaisquer condições médicas preexistentes, histórico de violações de trânsito ou DUIs (dirigir sob a influência de álcool ou drogas), bem como quaisquer passatempos perigosos, como corrida de automóveis ou paraquedismo. Formas padrão de identificação como seu cartão de Seguro Social, carteira de motorista e/ou passaporte dos EUA também serão necessárias antes que uma apólice possa ser emitida.

ETAPA 1 - DETERMINE O QUANTO VOCÊ PRECISA

Pense em quais despesas precisariam ser pagas no caso de sua morte. Coisas como hipotecas, mensalidades da faculdade e outras dívidas, sem falar nas despesas com o funeral. Além disso, a reposição de renda é um fator importante, caso seu cônjuge ou entes queridos precisem de fluxo de caixa e não sejam capazes de adquiri-lo por conta própria. Existem ferramentas úteis on-line para calcular a quantia total que pode satisfazer quaisquer despesas potenciais que precisem ser cobertas.

ETAPA 2 - PREPARE SUA APLICAÇÃO

O que afeta seus prêmios e custos de seguro de vida?

1. Idade. Este é o fator mais importante porque a expectativa de vida é o maior determinante de risco para a seguradora.

2. Sexo. Estatisticamente as mulheres vivem mais, e geralmente pagam taxas mais baixas do que um homem da mesma idade.

3. Tabagismo. Uma pessoa que fuma corre o risco de muitos problemas de saúde, que podem encurtar a vida e aumentar os prêmios baseados no risco.

4. Saúde. Os exames médicos para a maioria das apólices incluem a triagem de problemas de saúde como: doenças cardíacas, diabetes, câncer e métricas médicas relacionadas que podem indicar risco.

5. Estilo de vida. Estilos de vida perigosos podem tornar os prêmios muito mais caros.

6. Histórico médico familiar. Se você tiver evidências de uma doença grave em sua família imediata, o risco de desenvolver certas condições é muito maior.

7. Histórico de Trânsito. Um histórico de violações de trânsito ou dirigir embriagado pode aumentar drasticamente o custo dos prêmios de seguro.

ETAPA 3 - COMPARE AS COTAÇÕES

Depois de obter todas as informações necessárias, você pode reunir várias cotações de seguro de vida de diferentes provedores com base em sua pesquisa. Os preços podem variar muito de empresa para empresa, por isso é importante fazer um esforço para encontrar a melhor combinação de apólices, classificação da empresa e custo do prêmio. Como o seguro de vida é algo que você provavelmente pagará mensalmente durante décadas, se você encontrar a melhor apólice que se adapte às suas necessidades, fará uma grande economia.

QUEM PRECISA DE SEGURO DE VIDA?

O seguro de vida é mais útil para pessoas que precisam fornecer segurança para o cônjuge, filhos ou outros membros da família em caso de morte. Os benefícios por morte, dependendo do valor da apólice, podem ajudar os beneficiários a pagarem hipoteca, cobrirem mensalidades da faculdade ou financiarem a aposentadoria. O seguro de vida permanente também apresenta um componente de valor em dinheiro que aumenta com o tempo; e fornece suporte financeiro a dependentes sobreviventes ou outros beneficiários após a morte de um segurado. Aqui estão alguns exemplos de pessoas que podem precisar de seguro de vida:

1. Pais com filhos menores. Se um dos pais morrer, a perda de sua renda ou da habilidade de cuidar deles pode criar dificuldades financeiras. O seguro de vida pode garantir que as crianças tenham os recursos financeiros de que precisam até que possam se sustentar.

2. Pais com filhos adultos com necessidades especiais. Para crianças que precisam de cuidados por toda a vida e nunca serão autossuficientes, o seguro de vida pode garantir que suas necessidades sejam atendidas após o falecimento dos pais. O benefício por morte pode ser usado para financiar um fundo de caridade especial que um fiduciário administrará em benefício do filho adulto.

3. Adultos que possuem propriedades juntos. Casados ou não, se a morte de um adulto significar que o outro não poderá mais pagar empréstimos, manutenção e impostos sobre a propriedade, um seguro de vida será uma boa ideia. Um exemplo disso é um casal de noivos que faz uma hipoteca conjunta para comprarem sua primeira casa.

4. Idosos que desejam deixar dinheiro para os filhos adultos que cuidam deles. Muitos filhos adultos sacrificam seu tempo de trabalho para cuidar do pai, da mãe ou dos pais idosos que precisam de ajuda. Essa ajuda também pode incluir suporte financeiro direto. O seguro de vida pode ajudar a reembolsar os custos desses filhos quando os pais falecerem.

5. Jovens adultos cujos pais fizeram empréstimos estudantis particulares ou foram seus fiadores. Os jovens adultos sem dependentes raramente precisam de seguro de vida, mas se os pais ficarem em situação de risco pela dívida de um filho após sua morte, podem utilizar sua apólice de seguro para saldar essa dívida.

6. Crianças ou jovens que desejam obter taxas baixas. Quanto mais jovem e mais saudável você for, mais baixos serão os prêmios de seguro. Um adulto de 20 e poucos anos pode comprar uma apólice mesmo sem ter dependentes, se houver expectativa de tê-los no futuro.

7. Cônjuges que ficam em casa. Os cônjuges que ficam em casa devem ter seguro de vida, pois eles têm um valor econômico significativo com base no trabalho que realizam em casa. De acordo com os dados de 2019 do Salary.com[1], se um dos pais que fica em casa, fosse pago pelo valor dos seus serviços, teria um salário médio anual de $178.201.

8. Famílias ricas que esperam dever impostos sobre a propriedade. O seguro de vida pode fornecer fundos para cobrir os impostos e manter o valor total da propriedade intacto.

9. Famílias que não podem arcar com as despesas de sepultamento e funeral. Uma pequena apólice de seguro de vida pode fornecer fundos para o funeral de um ente querido.

10. Negócios com funcionários-chave. Se a morte de um funcionário-chave, como um CEO, criar uma grande dificuldade financeira para a empresa, essa empresa pode ter um interesse segurável que lhe permitirá adquirir uma apólice de seguro de vida para esse funcionário.

11. Aposentados casados. Em vez de escolher entre um pagamento de pensão que oferece um benefício conjugal e outro que não oferece, os aposentados podem decidir aceitar sua pensão completa e usar parte do dinheiro para comprar seguro de vida para beneficiar seu cônjuge. Essa estratégia é chamada de maximização da pensão.

12. Aqueles com doenças preexistentes como câncer, diabetes ou tabagismo. Observe, entretanto, que algumas seguradoras podem negar cobertura para tais indivíduos ou então cobrarem taxas muito altas.

DICA

É prudente reavaliar suas necessidades de seguro de vida anualmente ou após eventos significativos da sua vida como: divórcio, casamento, nascimento de um filho, adoção de uma criança ou a compra de um imóvel. Você pode precisar atualizar os beneficiários da apólice, aumentar ou até mesmo reduzir sua cobertura.

1. https://www.salary.com/articles/mother-salary/

BENEFÍCIOS DO SEGURO DE VIDA

Existem muitos benefícios em ter um seguro de vida. Veja a seguir alguns dos recursos e proteções mais importantes oferecidos pelas apólices nos Estados Unidos. A maioria das pessoas usa seguro de vida para garantir recursos financeiros aos seus beneficiários que sofreriam dificuldades financeiras com a sua morte.

No entanto, para indivíduos ricos as vantagens fiscais do seguro de vida, incluindo o crescimento do valor em dinheiro com impostos diferidos, dividendos sem impostos e benefícios de morte isentos de impostos, podem fornecer oportunidades estratégicas adicionais.

O benefício por morte de uma apólice de seguro de vida geralmente é isento de impostos. Indivíduos ricos às vezes compram um seguro de vida permanente dentro de um *trust*[2] para ajudar a pagar os impostos de propriedade que serão devidos no momento de sua morte. Essa estratégia ajuda a preservar o valor do patrimônio para seus herdeiros. Evitar pagar impostos é uma estratégia legal para minimizar a responsabilidade fiscal de uma pessoa e não deve ser confundida com a evasão fiscal, que é ilegal.

1. Os pagamentos são isentos de impostos. Os benefícios por morte são pagos à vista e não estão sujeitos ao imposto de renda federal, porque não são considerados renda dos beneficiários.

2. Os dependentes não precisam se preocupar com despesas de subsistência. A maioria das calculadoras de apólices, recomenda

2. O que é um Trust? - Um fideicomisso é uma relação fiduciária em que uma parte, conhecida como fiduciária, concede a outra parte, o fiduciário, o direito de deter o título de propriedade ou bens em benefício de um terceiro, o beneficiário. Trusts são estabelecidos para fornecer proteção legal para os ativos do trustor, para garantir que esses ativos sejam distribuídos de acordo com os desejos do trustor e para economizar tempo, reduzir a papelada e, em alguns casos, evitar ou reduzir os impostos de herança ou propriedade. Em finanças, um trust também pode ser um tipo de fundo fechado criado como uma sociedade anônima. Fonte: https://www.investopedia.com/terms/t/trust.asp

um múltiplo de sua renda bruta acumulada, que possa cobrir despesas importantes, como hipotecas e mensalidades universitárias, sem que o cônjuge sobrevivente ou os filhos tenham que fazer empréstimos.

3. As despesas funerárias podem ser cobertas. As despesas com o funeral são significativas e podem ser evitadas com uma apólice de sepultamento, ou com apólices de prazo padrão ou de vida permanente.

4. As apólices podem complementar a poupança para a aposentadoria. Apólices de vida permanente como seguro de vida integral, universal e variável podem oferecer valor em dinheiro, além dos benefícios por morte, o que pode aumentar outras economias na aposentadoria.

PONTOS A PONDERAR

Pesquise opções de apólices e faça uma análise das empresas. As apólices de seguro de vida são um investimento e um compromisso importante, por isso é fundamental fazer a devida diligência, para garantir que a empresa escolhida tenha um histórico sólido e solidez financeira; caso contrário, seus herdeiros poderão não receber por décadas, nenhum benefício por morte.

Uma boa fonte de informações é a Investopedia.com que avalia dezenas de empresas que oferecem todos os diferentes tipos de seguros e classificou as melhores em várias categorias. Seu agente de seguros poderá lhe orientá-lo e indicar as melhores companhias.

DICA

O titular da apólice e o segurado geralmente são a mesma pessoa, mas às vezes podem ser diferentes. Por exemplo, uma empresa pode comprar seguro de um funcionário importante, como um CEO, ou um segurado pode vender sua própria apólice a terceiros em troca de dinheiro em um acordo de vida.

O seguro de vida pode ser uma ferramenta financeira prudente para proteger seus investimentos e fornecer proteção para seus entes queridos em caso de morte, caso você falte enquanto a apólice estiver em vigor. No entanto, existem situações em que isso faz menos sentido, como por exemplo: comprar muito seguro ou assegurar àqueles cuja renda não precisa ser reposta. Portanto, é importante considerar o seguinte:

1. Que despesas não poderiam ser pagas se você morresse? Se seu cônjuge tem uma renda alta e você não tem filhos, talvez isso não seja justificado. Ainda é importante considerar o impacto de sua morte na sua família e quanto em apoio financeiro eles precisariam durante o luto, sem se preocuparem com despesas, até estarem aptos a retomarem suas atividades no trabalho. No entanto, se a renda dos cônjuges for suficiente para manterem seus estilos de vida, cumprirem com seus compromissos financeiros sem se preocuparem; ambos podem optar por seguros de vida separados.

2. Se você for adquirir uma apólice para um membro da sua família é importante saber o que quer garantir. Você pode garantir que as despesas com do seu funeral sejam pagas, além de dar segurança aos seus filhos após sua morte. Comprando uma apólice de tamanho moderado enquanto seus filhos são jovens, você poderá garantir o futuro deles e de suas famílias. Crianças e idosos realmente não têm nenhuma renda significativa para substituir, mas as despesas com o funeral precisam ser pagas no caso de sua morte. Os pais só podem adquirir seguro de vida para seus filhos até 25% da apólice em vigor sobre suas próprias vidas.

DICA

O seguro de sepultamento ou despesas finais é um tipo de seguro de vida permanente que tem um pequeno benefício por morte. Apesar dos nomes, os beneficiários podem usar o benefício por morte como desejarem.

3. Investir o dinheiro que seria pago em prêmios de seguro permanente ao longo de uma apólice poderia ter um melhor retorno ao longo do tempo? Como uma proteção contra a incerteza, a poupança e o investimento consistentes (por exemplo, auto-seguro) podem fazer mais sentido em alguns casos se uma receita significativa não precisar ser substituída, ou se os retornos do investimento sobre o valor em dinheiro forem excessivamente conservadores.

COMPONENTES DO SEGURO DE VIDA

Uma apólice de seguro de vida tem dois componentes principais, um benefício por morte e um prêmio. E as apólices de seguro permanente ou de vida inteira também têm um componente de valor em dinheiro.

1. Benefício por morte. O benefício por morte ou valor de face é o valor financeiro que a seguradora garante aos beneficiários identificados na apólice quando o segurado falece. O segurado pode ser um dos pais e os beneficiários podem ser seus filhos, por exemplo.

O segurado escolherá o valor do benefício desejado, por morte, com base nas necessidades futuras estimadas dos beneficiários. A seguradora determinará se há um interesse segurável e se o segurado proposto se qualifica para a cobertura, com base nos requisitos de subscrição da empresa relacionados à idade, saúde e quaisquer atividades perigosas em que o segurado proposto participe.

2. Prêmio. É o dinheiro que o segurado paga pelo seguro. A seguradora deve pagar o benefício por morte, após o falecimento do segurado, se ele tiver pagado os prêmios de acordo com o contrato. Os prêmios são determinados, segundo a probabilidade do pagamento pela seguradora, do benefício da apólice em caso de morte, com base na expectativa de vida do segurado.

Os fatores que influenciam a expectativa de vida do segurado são: idade, sexo, histórico médico, riscos ocupacionais e *hobbies* de alto risco. Parte do prêmio também vai para as despesas operacionais da seguradora. Os prêmios são mais elevados em apólices com maiores benefícios por morte, indivíduos que estão em maior risco de vida e apólices permanentes que acumulam valor em dinheiro.

3. Valor em dinheiro. O valor em dinheiro do seguro de vida permanente serve a dois propósitos. É uma conta poupança que o tomador do seguro pode utilizar durante a vida do segurado; o dinheiro é acumulado em uma base de imposto diferido. Algumas apólices podem ter restrições aos saques, dependendo de como o dinheiro será usado. Por exemplo, o tomador do seguro pode solicitar um empréstimo contra o valor em dinheiro da apólice e ter que pagar juros sobre o valor principal do empréstimo.

O segurado também pode usar o valor em dinheiro para pagar prêmios ou adquirir seguro adicional. O valor em dinheiro é um benefício vitalício, que permanece com a seguradora quando o segurado morre. Quaisquer empréstimos pendentes contra o valor em dinheiro, irão reduzir da apólice o benefício por morte.

CLÁUSULAS ADICIONAIS E MUDANÇAS NA APÓLICE

Muitas seguradoras oferecem aos segurados a opção de personalizar suas apólices para acomodar suas necessidades. Os chamados *Riders* (apólices adicionais ou prêmios adicionais) são as formas mais comuns de alterações de planos por seus segurados. Existem muitos *riders*, mas a disponibilidade depende do fornecedor. O segurado normalmente pagará um prêmio adicional para cada *rider* ou uma taxa para exercê-lo, embora algumas apólices incluam certos *riders* em seu prêmio base.

- O *rider* de benefício por morte acidental fornece cobertura de seguro de vida adicional, no caso em que a morte do segurado seja acidental.

- A dispensa do *rider* libera o segurado de fazer pagamentos, se o segurado ficar incapacitado de trabalhar.
- O *rider* com renda por invalidez paga uma renda mensal ao segurado, caso ele fique impossibilitado de trabalhar por vários meses devido a uma doença grave ou lesão.
- O *rider* do benefício por morte acelerada após o diagnóstico de doença terminal, permite que o segurado receba uma parte ou o benefício total.
- O *rider* de cuidados a longo prazo é um tipo de benefício por morte acelerada, usado para cobrir despesas com cuidadores à domicílio, quando o segurado precisa de ajuda nas suas necessidades básicas como: se alimentar, tomar banho etc.
- Um *rider* de segurabilidade garantida permite que o segurado compre seguro adicional, em uma data posterior, sem revisão médica.

1. Empréstimo financeiro. A maioria dos seguros de vida permanente acumula valor em dinheiro o qual o segurado pode tomar emprestado. Tecnicamente, o segurado pede dinheiro emprestado à seguradora e usa o seu valor em dinheiro como garantia. Ao contrário de outros tipos de empréstimos, a pontuação de crédito do segurado não é um fator. Os termos de reembolso podem ser flexíveis e os juros do empréstimo voltam para a conta de valor em dinheiro do segurado. No entanto, os empréstimos da apólice podem reduzir o benefício por morte.

2. Financiamento da Aposentadoria. São apólices com um valor em dinheiro ou componente de investimento que podem fornecer uma fonte de renda de aposentadoria. Essa oportunidade pode vir com taxas altas e um benefício de morte mais baixo; então pode ser uma boa opção apenas para indivíduos que estouraram o limite de outras contas de poupança e investimento com vantagens fiscais. A estratégia de maximização da pensão descrita anteriormente é outra maneira pela qual o seguro de vida pode financiar a aposentadoria.

QUALIFICAÇÃO PARA SEGURO DE VIDA

Para serem qualificados as seguradoras avaliam os candidatos a seguro de vida caso a caso, com centenas de seguradoras à sua escolha, qualquer pessoa pode encontrar uma apólice acessível que pelo menos atenda parcialmente, às suas necessidades. Em 2018 haviam 841 empresas de seguro de vida e anuidades nos Estados Unidos.

De acordo com o *Insurance Information Institute* muitas seguradoras de vida vendem vários tipos e tamanhos de apólices, e algumas se especializam em atender as necessidades específicas, como apólices para pessoas com problemas crônicos de saúde, por exemplo. Existem também corretores especializados em seguros de vida, que conhecem as ofertas de diferentes empresas.

Você pode trabalhar com um corretor gratuitamente para encontrar o seguro que precisa. Isso significa que qualquer pessoa pode obter algum tipo de apólice de seguro de vida, se procurar e estiver disposta a pagar um preço alto o suficiente ou acatar um benefício por morte talvez menos do que o ideal.

O seguro não é apenas para os ricos e saudáveis e, como o setor de seguros é muito mais amplo do que muitos consumidores imaginam, obter seguro de vida pode ser possível e acessível, mesmo que os pedidos anteriores tenham sido negados ou as cotações tenham sido inacessíveis.

Em geral, quanto mais jovem e saudável você for, mais fácil

será se qualificar para o seguro de vida, e quanto mais velho e menos saudável você for, mais difícil será. Certas opções de estilo de vida, como fumar ou se envolver em passatempos arriscados, como paraquedismo, também tornam mais difícil a qualificação ou elevam ainda mais as taxas.

IMPORTANTE

Cada apólice é exclusiva para o segurado e a seguradora. É importante revisar seu documento para entender quais riscos sua apólice cobre, quanto ela pagará aos seus beneficiários e em quais circunstâncias.

REFERÊNCIAS

IMIGRAÇÃO POR INVESTIMENTO

1. Green card: Cartão de Residente Permanente, Formulário I-551 (anteriormente denominado Alien Registration Card, também conhecido como green card), é um cartão do tamanho de uma carteira que mostra que a pessoa é residente permanente legal (imigrante) nos Estados Unidos. Para obter mais informações, visite o site do USCIS.
2. https://www.uscis.gov/working-in-the-united-states/temporary-workers/l-1aintracompany-transferee-executive-or-manager
3. https://www.uscis.gov/working-in-the-united-states/temporary-workers/e-2-treatyinvestors
4. https://www.uscis.gov/working-in-the-united-states/temporary-workers/e-2-treatyinvestors
5. https://www.uscis.gov/working-in-the-united-states/permanent-workers/employmentbased-immigration-fifth-preference-eb-5/about-the-eb-5-visa-classification
6. https://www.uscis.gov/working-in-the-united-states/permanent-workers/eb-5-immigrant-investor-program
7. https://www.uscis.gov/working-in-the-united-states/permanent-workers/employmentbased-immigration-fifth-preference-eb-5/eb-5-investors
8. http://www.uscis.gov/working-united-states/permanent-workers/employment-basedimmigration-fifth-preference-eb-5/eb-5-immigrant-investor-process
9. http://www.uscis.gov/working-united-states/permanent-workers/employment-basedimmigration-fifth-preference-eb-5/eb-5-inquiries ; http://www.uscis.gov/forms/expeditecriteria
10. http://www.uscis.gov/about-us/directorates-and-program-offices/fraud-detection-andnational-security/fraud-detecção-and-national-security-directorate
11. Uma RFE é uma carta enviada pelo oficial do USCIS (Imigração dos Estados

Unidos) que está analisando seu caso, solicitando outras informações necessárias para dar continuidade à sua petição. Isso ajuda o USCIS a completar documentos, esclarecer ambiguidades e corrigir discrepâncias..

12. http://fas.org/sgp/crs/homesec/R43589.pdf
13. Uma RFE é uma carta enviada pelo oficial do USCIS (Imigração dos Estados Unidos) que está analisando seu caso, solicitando outras informações necessárias para dar continuidade à sua petição. Isso ajuda o USCIS a completar documentos, esclarecer ambiguidades e corrigir discrepâncias..
14. http://fas.org/sgp/crs/homesec/R43589.pdf
15. https://iiusa.org/wp-content/uploads/2020/07/Understanding-the-EB-5-Immigration-Process.pdf
16. https://www.dol.gov/agencies/eta/foreign-labor/programs
17. https://www.uscis.gov/i-140
18. https://www.uscis.gov/working-in-the-united-states/permanent-workers
19. https://www.uscis.gov/working-in-the-united-states/permanent-workers/employmentbased-immigration-second-preference-eb-2
20. https://www.uscis.gov/i-360
21. A lei de imigração dos EUA fornece duas categorias de vistos de imigrante para trabalhadoresreligiosos: Ministros da Religião (categoria SD); e Certos Trabalhadores Religiosos (categoriaSR). https://travel.state.gov/content/travel/en/us-visas/immigrate/visa-religious-workers.html
22. https://www.uscis.gov/working-in-the-united-states/permanent-workers/eb-5-immigrant-investor-program
23. https://travel.state.gov/content/travel/en/us-visas/immigrate/national-visa-center.html
24. Data de prioridade: A data de prioridade determina a vez de uma pessoa solicitar um visto de imigrante. Na imigração familiar, a data de prioridade é a data em que a petição foi protocolada em um escritório do DHS ou apresentada a uma Embaixada ou Consulado dos EUA no exterior. Na imigração de emprego, a data de prioridade pode ser a data em que o pedido de certificação de trabalho foi recebido pelo Departamento de Trabalho (DOL).
25. https://travel.state.gov/content/travel/en/News/visas-news/20180621_processingeb-5-petitions-at-nvc.html
26. https://travel.state.gov/content/travel/en/us-visas/visa-information-resources/fees/fees-visa-services.html
27. https://travel.state.gov/content/dam/visas/DS-260-Exemplar.pdf
28. https://travel.state.gov/content/travel/en/us-visas/visa-information-resources/photos.html
29. 27. https://travel.state.gov/content/travel/en/us-visas/Visa-Reciprocity-and-Civil-Documents-by-Country/Brazil.html
30. https://www.cbp.gov/travel

31. Green card: Cartão de Residente Permanente, Formulário I-551 (anteriormente denominado Alien Registration Card, também conhecido como green card), é um cartão do tamanho de uma carteira que mostra que a pessoa é residente permanente legal (imigrante) nos Estados Unidos. Para obter mais informações, visite o site do USCIS. https://www.uscis.gov/green-card
32. Guia para Novos Imigrantes em Português: https://www.uscis.gov/sites/default/files/document/guides/M-618_p.pdf
33. Social Security Administration. https://www.ssa.gov
34. https://travel.state.gov/content/travel/en/us-visas/visa-information-resources/administrative-processing-information.html
35. https://travel.state.gov/content/travel/en/contact-us/us-visas.html

COMO ABRIR UMA EMPRESA NA AMÉRICA

1. Uma organização unincorporated (não incorporada ou sem personalidade jurídica) com dois ou mais membros é geralmente classificada como sociedade para fins tributários federais se seus membros exercerem uma atividade comercial, empresarial, financeira ou de risco e dividirem seus lucros. No entanto, um empreendimento conjunto apenas para repartir despesas não é uma parceria. Por exemplo, copropriedade de propriedade mantida e alugada ou arrendada não é uma parceria, a menos que os coproprietários prestem serviços aos inquilinos. https://www.irs.gov/publications/p541
2. U.S. Small Business Administration SBA.- https://www.sba.gov
3. https://www.sba.gov/business-guide/launch-your-business/apply-licenses-permits
4. A sociedade em comandita é uma sociedade de responsabilidade mista que contém sócios de responsabilidade ilimitada e sócios de responsabilidade limitada que assumem a gestão e a direção da sociedade.
5. http://www.irs.gov/
6. https://www.sba.gov/offices/district/nd/fargo/resources/business-structurespartnerships
7. Uma oferta pública inicial (Initial Public Offering IPO) refere-se ao processo de oferta de ações de uma empresa privada ao público em uma nova emissão de ações. Um IPO permite que uma empresa levante capital de investidores públicos.
8. https://www.irs.gov/businesses/small-businesses-self-employed/forming-a-corporation
9. https://dos.myflorida.com/sunbiz/
10. Bylaws ou Estatutos são as regras e procedimentos de como uma empresa irá operar e ser governada. Embora não haja critérios definidos para o conteúdo do estatuto, eles normalmente estabelecem regras e procedimentos internos para a corporação, abordando questões como a existência e responsabilidades dos escritórios corporativos, o tamanho do conselho de administração e a forma e prazo de sua eleição, como e quando as reuniões do conselho e

de acionistas serão realizadas, quem pode convocar as reuniões, como o conselho de administração funcionará e em que medida os conselheiros e diretores serão indenizados por responsabilidades decorrentes do desempenho de suas funções.

11. https://dos.myflorida.com/sunbiz/manage-business/efile/annual-report/
12. Um número de identificação do empregador (Employer Identification Number - EIN) também é conhecido como um número de identificação de imposto federal e é usado para identificar uma entidade comercial. Geralmente, as empresas precisam de um EIN. Você pode se inscrever para um EIN de várias maneiras, e agora você pode se inscrever on-line. Este é um serviço gratuito oferecido pela Receita Federal e você pode obter seu EIN imediatamente. Você deve verificar com seu estado para ter certeza de que precisa de um número de estado ou carta patente. https://www.irs.gov/businesses/small-businesses-selfemployed/employer-id-numbers
13. http://dor.myflorida.com/dor/eservices/apps/register/
14. https://www.irs.gov/businesses/small-businesses-self-employed/s-corporations
15. https://www.irs.gov/forms-pubs/about-form-2553
16. https://www.irs.gov/businesses/small-businesses-self-employed/limited-liabilitycompany-llc
17. https://www.irs.gov/forms-pubs/about-form-8832
18. https://floridarevenue.com/Forms_library/current/gt300015.pdf
19. https://www.ssa.gov/policy/docs/statcomps/supplement/2020/oasdi.html
20. https://www.ssa.gov/oact/cola/cbb.html
21. https://dos.myflorida.com
22. Florida Deoartment of Revenue - DOR http://dor.myflorida.com/dor/
23. Florida LLC Annual Filing Requirements https://bit.ly/3mtXHGo
24. Observação: mantenha as informações do Formulário SS-4 atualizadas. Use o Formulário 8822-B para relatar alterações à sua parte responsável, endereço ou local. Mudanças nas partes responsáveis devem ser relatadas ao IRS dentro de 60 dias. Envie por fax usando um serviço de fax virtual.

COMO ADMINISTRAR UMA EMPRESA NA AMÉRICA

1. A análise SWOT (strengths - forças, weaknesses - fraquezas, opportunities - oportunidades, and threats - ameaças) é uma estrutura usada para avaliar a posição competitiva de uma empresa e desenvolver o planejamento estratégico. A análise SWOT avalia os fatores internos e externos, bem como o potencial atual e futuro.
2. SEO - Search Engine Optimization. Significa "otimização do mecanismo de pesquisa". Em termos simples, significa o processo de melhorar seu site para aumentar sua visibilidade quando as pessoas procuram produtos ou serviços relacionados ao seu negócio no Google, Bing e outros mecanismos de busca. Quanto melhor visibilidade suas páginas tiverem nos resultados de pesquisa,

maior será a probabilidade de você chamar a atenção e atrair clientes existentes e em potencial para sua empresa.

3. Business Imcubators - As incubadoras de empresas são programas especialmente concebidos para ajudar as jovens startups a inovar e crescer. Eles geralmente fornecem espaços de trabalho, orientação, educação e acesso a investidores para startups ou empreendedores individuais. Esses recursos permitem que empresas e ideias ganhem forma operando a um custo menor durante os estágios iniciais de incubação de empresas. As incubadoras exigem um processo de inscrição para ingressar e geralmente exigem um compromisso por um determinado período de tempo. https://bit.ly/3FRUWGF
4. Why Great Managers Are So Rare. Os gerentes são responsáveis por pelo menos 70% da variação nas pontuações de engajamento dos funcionários nas unidades de negócios, estima a Gallup. Essa variação, por sua vez, é responsável pelo baixo nível de engajamento dos funcionários em todo o mundo. A Gallup relatou em dois estudos de grande escala em 2012 que apenas 30% dos funcionários dos EUA estão engajados no trabalho, e um número incrivelmente baixo de 13% em todo o mundo. Pior ainda, nos últimos 12 anos, esses números baixos mal mudaram, o que significa que a grande maioria dos funcionários em todo o mundo não está se desenvolvendo e contribuindo no trabalho. https://www.gallup.com/workplace/231593/why-great-managers-rare.aspx
5. Business-to-business (B2B), também chamado de B-to-B, é uma forma de transação entre empresas, como uma que envolve um fabricante e um atacadista ou um atacadista e um varejista. Business-to-business refere-se a um negócio conduzido entre empresas, e não entre uma empresa e um consumidor individual. As transações entre empresas estão em contraste com as transações entre empresas e consumidores (B2C) e entre empresas e governos (B2G).
6. O termo diretor financeiro (Chief Financial Officer - CFO) se refere a um executivo sênior responsável por gerenciar as ações financeiras de uma empresa. As funções do CFO incluem rastrear o fluxo de caixa e o planejamento financeiro, bem como analisar os pontos fortes e fracos financeiros da empresa e propor ações corretivas. A função de um CFO é semelhante à de um tesoureiro ou controlador porque eles são responsáveis por gerenciar as divisões de finanças e contabilidade e por garantir que os relatórios financeiros da empresa sejam precisos e concluídos em tempo hábil.
7. https://www.ringcentral.com
8. Hours Worked in US and Europe. https://ftp.iza.org/dp10179.pdf
9. U.S. Department of Labor. https://www.dol.gov/general/topic/workhours
10. State of Florida. https://www.stateofflorida.com/employment/

O SONHO AMERICANO E A CASA PRÓPRIA

1. https://www.census.gov/
2. http://bit.ly/2E1Acgl

3. Fonte: http://bit.ly/2ABJk8K
4. Os milênios, também conhecida como Geração Y, é a coorte demográfica que segue a Geração X e a Geração Z anterior. Os pesquisadores e a mídia popular usam o início dos anos 1980 como anos iniciais do nascimento e meados dos anos 1990 ao início dos anos 2000 como anos finais do nascimento, com a geração tipicamente sendo definida como pessoas nascidas de 1981 a 1996. [1] A maioria dos millennials são filhos de baby boomers e do início da Geração X; [2] os millennials costumam ser os pais da Geração Alfa. [3]
5. https://fred.stlouisfed.org/release/tables?rid=97&eid=206085#snid=206087
6. Equity - É a diferença positiva entre o valor justo de mercado de um imóvel e o saldo devedor do financiamento (dívida) da propriedade.
7. https://www.corelogic.com/intelligence/2022-housing-outlook/
8. O Federal Reserve System (FRS), frequentemente chamado simplesmente de Fed, é o banco central dos Estados Unidos e, sem dúvida, a instituição financeira mais poderosa do mundo. Foi fundado para fornecer ao país um sistema monetário e financeiro seguro, flexível e estável.
9. Juros para financiamentos de imóveis residenciais divulgados pelo Fredie Mac na primeira semana de Fevereiro de 2021 - http://www.freddiemac.com/pmms/ Consulte o Bankrate.com para ter uma ideia das taxas de juros atuais. A Royal Mortgage USA com base em seu crédito e outros fatores pode determinar sua melhor taxa de juros.
10. Drivers License - Carteira de motorista.
11. Extrato de rendimentos anuais para imposto de renda.
12. Royalmortgageusa.com/calculators. 2. Realtor® - Corretor de imóveis membro da Associação Nacional de Realtors®.
13. Open House - Propriedade listada para venda e aberta à visitação de potenciais compradores.
14. https://www.realtor.com/advice/buy/why-you-should-use-realtor/
15. Short Sale ou venda a descoberto em imóveis se refere a uma venda que ocorre quando um proprietário em dificuldades financeiras vende sua propriedade por menos do que o valor devido na hipoteca. O comprador da propriedade é um terceiro (não o banco) e todos os rendimentos da venda vão para o credor. O credor tem duas opções disponíveis - eles podem perdoar o saldo remanescente ou processar o proprietário por meio de uma sentença de julgamento de deficiência, que exige que paguem ao credor a totalidade ou parte da diferença. Em alguns estados, essa diferença deve ser legalmente perdoada em uma venda a descoberto.

SEGURO DE VIDA

1. O que é um Trust? - Um fideicomisso é uma relação fiduciária em que uma parte, conhecida como fiduciária, concede a outra parte, o fiduciário, o direito de deter o título de propriedade ou bens em benefício de um terceiro, o beneficiário. Trusts são estabelecidos para fornecer proteção legal para os ativos do trustor, para garantir que esses ativos sejam distribuídos de acordo com os desejos do trustor e para economizar tempo, reduzir

a papelada e, em alguns casos, evitar ou reduzir os impostos de herança ou propriedade. Em finanças, um trust também pode ser um tipo de fundo fechado criado como uma sociedade anônima. Fonte: https://www.investopedia.com/terms/t/trust.asp

2. https://www.salary.com/articles/mother-salary/
3. Internal Revenue Service. "Life Insurance & Disability Insurance Proceeds." https://www.irs.gov/faqs/interest-dividends-other-types-of-income/life-insurance-disability-insurance-proceeds/life-insurance-disability-insurance-proceeds
4. Social Security Administration. "Liens, Adjustments and Recoveries, and Transfers of Assets - https://www.ssa.gov/OP_Home/ssact/title19/1917.htm
5. Salary.com. "Stay at Home Moms."
6. Life Insurance - https://content.naic.org/cipr_topics/topic_life_insurance.htm
7. Insurance Information Institute. "Facts + Statistics: Industry Overview https://www.iii.org/fact-statistic/facts-statistics-industry-overview
8. Securities and Exchange Commission. "Investor Bulletin: Variable Life Insurance - https://www.sec.gov/oiea/investor-alerts-and-bulletins/ib_varlifeinsurance
9. Internal Revenue Service. "Hardships, Early Withdrawals and Loans - https://www.irs.gov/retirement-plans/hardships-early-withdrawals-and-loans
10. Internal Revenue Service. "Tax-Exempt 457(b) Plans: Key Characteristics and Common Mistakes - https://www.irs.gov/retirement-plans/tax-exempt-457b-plans-key-characteristics-and-common-mistakes
11. Insurance Information Institute. "Glossary: A - https://www.iii.org/resource-center/iii-glossary/A
12. Insurance Information Institute. "What Are the Principal Types of Life Insurance? - https://www.iii.org/article/what-are-principal-types-life-insurance
13. Seguro de Vida: https://www.investopedia.com/terms/l/lifeinsurance.asp
14. Tipos de Seguros: https://www.investopedia.com/articles/active-trading/120814/life-insurance-smart-investment.asp#types-of-life-insurance

Made in the USA
Monee, IL
04 November 2026

67387519R00105